科特勒新营销系列

什么是营销

What Is Marketing

科特勒咨询集团（中国） 著
曹虎 王赛

机械工业出版社
China Machine Press

图书在版编目（CIP）数据

什么是营销 / 曹虎，王赛著 . —北京：机械工业出版社，2020.8
（科特勒新营销系列）
ISBN 978-7-111-66272-3

I. 什⋯　II. ① 曹⋯　② 王⋯　III. 营销管理　IV. F713.56

中国版本图书馆 CIP 数据核字（2020）第 142261 号

什么是营销

出版发行：机械工业出版社（北京市西城区百万庄大街22号　邮政编码：100037）
责任编辑：华　蕾
责任校对：殷　虹
印　　刷：中国电影出版社印刷厂
版　　次：2020年9月第1版第1次印刷
开　　本：147mm×210mm　1/32
印　　张：10.25
书　　号：ISBN 978-7-111-66272-3
定　　价：69.00元

客服电话：(010) 88361066　88379833　68326294　　投稿热线：(010) 88379007
华章网站：www.hzbook.com　　　　　　　　　　　读者信箱：hzjg@hzbook.com

版权所有・侵权必究
封底无防伪标均为盗版　　本书法律顾问：北京大成律师事务所　韩光 / 邹晓东

赞 誉

作为菲利普·科特勒的传人和科特勒咨询集团中国区掌门人，曹虎将科特勒营销理论应用于实践，同时又以实践反哺理论革新，与其他追逐热点的所谓爆款书不同，这本书是真正的"知行合一"的产物，值得企业家和经理人仔细阅读。

吴光权　先生

深圳工业总会会长

原中航国际和中航通飞董事长

科特勒增长实验室导师

本书是中国企业家和创业者深度理解营销的进阶图书，不仅对科特勒营销体系进行了富有洞见的解读与发展，而且融入了新兴品牌和中国企业营销案例，读起来更有代入感。

侯孝海　先生

华润啤酒（控股）有限公司首席执行官

科特勒营销体系丰富深厚，而这本书不同，虽然遵循了科特勒的经典体系，但是它拆解了与当前营销趋势更契合的部分，并且以大量案例示范了如何具体运用这些知识，对企业营销实战具有启发和指导作用。

王成　先生

TCL 实业控股有限公司 CEO

这是一本兼具系统性和指导性的优秀著作！作者团队根植科特勒经典营销体系并结合他们多年的企业咨询实战，为读者构建了一个以顾客价值为中心、以良性增长为目标的"营销地图"！

王川　先生

小米联合创始人

做正确的事，比正确地做事，更容易达成目标。然而，在一个"黑天鹅"成群的年景里，如何确定什么事情是正确的？在一个"危机四伏"的环境中，如何发掘潜在之"机"？在一个极端重"术"的时代，如何坚守"道"的重要性？读曹虎团队的这部新作，是可以找到一部分答案的。

庄晓东　博士

平安城科董事长兼 CEO

前不久，明星直播带货"翻车"成为营销圈的热门话题。牵扯到难测的人心，顾客的有效沟通从来都是个极难把握的课题。曹虎团队的这本书为大家提供了一个系统的框架来理解营销的本质，并给出了完整的方法论和诸多案例，从顾客原点出发，展现如何洞察、创造和传递顾客价值。在这个让人兴奋而躁进的年代，这本书让我们可以深入到营销表象的水下，去探寻冰山另外的 70%。

黄勇峰　先生

飞亚达精密科技股份有限公司董事长

顾客在哪里，我们就去哪里；顾客需要什么，我们就提供什么。这或许就是营销。新时代新营销，这本书带领大家更新认知，升级思维。

高书林　先生

天虹数科商业股份有限公司董事长

一本简明、实用、新锐的市场营销精要的问世，是中国广大读者的福音，此乃本书之价值所在。

卢泰宏　教授、博导

中山大学

科特勒营销理论贡献奖大中华区首位获奖者

创新离不开技术、商业、设计和文化的整合，曹虎团队的书，从整合营销的维度，为我们展现出未来技术与文化深度融合所创造的多元价值。

赵超　教授

清华大学美术学院副院长

《什么是营销》希望用最朴实的书名唤起广大业界人士对营销的正确理解和把握，对于后疫情时代的中国企业如何用好商业理论和方法，克服困难并实现增长有着重大的意义，是必读的案头工具书。

何佳讯　教授、博导
华东师范大学亚欧商学院中方院长
国家品牌战略研究中心主任
科特勒增长实验室和传承人项目导师

读这本《什么是营销》就像观赏少林武功、欣赏梅派京剧，有一种中正平和的气派。它始终围绕着感知、创造、传递顾客价值这一核心，来展现顾客洞察、价值定位、策略开发和执行管理等整体性的营销管理全景画卷，这是几位作者长期、持续和踏实地研究菲利普·科特勒先生营销管理思想精髓的结果。

蒋青云　教授、博导
复旦大学管理学院市场营销系主任
科特勒增长实验室和传承人项目导师

究竟什么是营销？这是一个根本的问题，但大多数中国企业界人士都没有一个完整的认识。似乎每个人都懂营销，但大多数人对营销都只有片面的理解。因此，我强烈推荐曹虎及科特勒团队的新书《什么是营销》，这本书将给你一个对营销全新而完整的认识，企业界人士不可不读！

郑毓煌　教授、博导
清华大学
世界营销名人堂首位中国区评委
科特勒增长实验室和传承人项目导师

作为市场营销学之父菲利普·科特勒大师市场营销思想和理论体系的追随者与实践者，这本书将告诉你正宗的市场营销以及它的升级版和操作指导。

景奉杰　教授
华东理工大学商学院营销科学研究所所长
中国高等院校市场学研究会副会长兼教学委员会主任
JMS《营销科学学报》专业主编
科特勒增长实验室和传承人项目导师

把书读薄是"功底"，把书写薄是"功德"。科特勒的《营销管理》100多万字，是营销的百货商店。既自成一体，又给每个经典营销理论提供了一个"货架"。科特勒老爷子的嫡传弟子曹虎团队的《什么是营销》则有"科大爷"之神，虽然只有10多万字，但体系严密、逻辑清晰：从营销思维、洞察机会、探索价值、创造价值、传播价值到变现价值。这是一个营销人的思维路径。

刘春雄　副教授
郑州大学
新营销理论创始人
科特勒增长实验室和传承人项目导师

混沌大学有一句话："没有好的思维模型，再多的知识积累也是低水平的重复。"想要弄清楚什么是营销，找到营销背后的"第一性原理"至关重要，希望读者能从本书中得到启发。

曾兴晔　女士
混沌大学 CEO

本书用通俗易懂的方式，将科特勒经典营销体系生动地展现出来。不仅如此，书中还增加了很多最新的营销案例以及对案例的思考和洞察。这是一本数字化时代营销升级的必读图书，对于从业多年的营销人来说，也是一个将营销知识体系化的机会。

吴婷　女士
嘉宾大学创始人

菲利普·科特勒先生是现代营销学的奠基人，科特勒咨询集团亦是营销咨询界的领军者，在新渠道、新流量、新玩法层出不穷的今天，也许我们更应该在快速变化中找到一些底层的"不变"的东西。营销的内核和不变的东西究竟是什么，也许本书能给你答案。

黄有璨　先生
三节课联合创始人
畅销书《运营之光》作者

在新消费品牌崛起的时代，营销思维尤其重要。但对于营销到底是什么，其实许多行内人和行外人都没有系统地学习和了解过，仍然停留在过去的经验上。曹虎团队的这本《什么是营销》系统性地阐述了什么是营销、如何洞察消费者、什么是品牌这些核心的概念，带来了对许多新营销玩法的理解，帮助企业家和营销人重新理解生意和营销的本质。

刀姐 doris　女士

女子刀法创始人、CEO

很多人一辈子在市场上挣扎，却不知道真正的营销。作为科特勒老爷子的嫡系传人，曹虎、王赛和乔林将现代营销理念和方法论结合国内市场做了正本清源的解读与重塑，一定能够点亮中国企业的战略，驱动中国企业的增长。

苗庆显　先生

《营销按钮》作者

知名营销专家

科特勒增长实验室导师

《什么是营销》深入浅出，每个观点都有丰富的案例应合，我们之前觉得营销是高端的知识输出，这里却是接地气的实践真知。曹博士带领科特勒咨询集团中国团队一直在持续实践，对中国营销的发展进步功不可没。这本书也是最近20年营销在中国的成长进步史，通篇读来，行云流水，本身就是一次知识海洋的认知旅行！

黄长军　先生

TiMi视频创始人

知名视频营销专家

科特勒增长实验室导师

营销不是"营"+"销",不是洗脑和推销,不是兜售产品的花言巧语,营销是创造顾客和利润的根本,是洞察市场并实现增长的科学,是企业长盛不衰的秘诀。想要真正认识营销,修炼好营销内功,读这本书就对了。它有心法,更有绝招,是一本营销界的九阴真经。

空手　先生

省广营销集团内容营销中心副总经理

知名品牌专家

科特勒增长实验室导师

2020年充满了挑战。新冠疫情在全球蔓延导致国家之间的贸易受到了很大的影响。政府正在考虑推动经济内循环。企业如何应对这种突如其来的挑战?如何挖掘"危"中的"机"?这本书也许可以给你一部分答案。

段传敏　先生

财经作家

中国企业影响力实验室营销中心主任

央视《大国品牌》栏目顾问

科特勒增长实验室导师

关于"极致顾客"的故事,我听曹博士讲过一次,当时觉得这个故事很有趣。这次,曹博士在书中将这个案例剖析得更加细致,帮助大家了解"洞察顾客需求"是多么重要。在大数据时代,我们可以追踪到用户的个人属性特征、行为特征、品牌偏好等信息,但是,行为和偏好背后的动机是什么?这就需要回到营销的原点:以顾客为中心。

杨曦沦　先生

《奥运品牌模式》《CEO 品牌之道》作者

知名品牌专家

科特勒增长实验室导师

What Is
Marketing

推荐序

在这个充满不确定性的时代,世界各地的企业都面临着日渐复杂的挑战和剧烈的转型。科技的发展带来了新的机遇,企业需要比以往更有效地利用它们的营销资产。营销人员则需要保护和提升这些资产的价值,并助力业务增长。传统的营销思维也许仍能指导企业达成基本的商业目标。但是,新的市场现实已经在呼吁人们重新思考市场营销。消费者时间有限,而信息过剩,他们希望自己的时间和金钱可以换来更高的质量、更好的服务、更低的价格、更多的价值。新渠道大量增加,传统渠道正在整合,竞争者如今来自全球各地,产品也越来越物美价廉。

在《什么是营销》一书中,曹虎、王赛和乔林致力于向读者展示营销理论可以变得比以往更具有战略意义且引人入胜。这本书整合了市场营销原理概论以及不同行业、海内外的新老案例。为了回答"什么是营销",作者深入讨论了如下主题:升级营销思维、洞察营销机会、探索顾客价值、创造顾客价值、整合营销渠道和传播顾客价值。读者能够通过各色案例看到经典框架是如何运用在分析、规划营销战略中的，这些案例和示例包括了中国的领军企业，如腾讯、华为、小米、携程、娃哈哈、华润，以及全球的知名企业，如富士胶卷、卡特彼勒、3M、星巴克、丰田……

我相信营销理论具有重要的意义，在当前的经济中，它是商业成功的主要驱动力。尽管市场比市场营销变化得更快，退一步细细品味营销的本质亦不失为前进的良方。我希望读者读完本书后，会刷新自己对于营销的认知，并且在分析商业问题及做出决策时能发现本书的实用性和启发性。

菲利普·科特勒

美国西北大学凯洛格商学院 S. C. Johnson & Son 荣誉教授

What Is Marketing

前　言

这是一本帮助读者构建系统营销思维和方法的书。其核心体系承袭了菲利普·科特勒先生的《营销管理》的体系结构，而书中的方法、模式和市场洞察则来自我们科特勒咨询集团的实践和前沿案例研究。

作为战略咨询公司的负责人，我平均每年飞行 100 万公里、服务超过 50 家企业，平均每月与近 20 位企业家和高管见面，每月参加的研讨会、论坛、直播数量不少于 8 个。在与这么多企业人士的接触中，我发现一个令人吃惊的现象：不少企业老板不懂营销，更多的营销经理其实也不懂营销。

企业创始人对业务和赚钱之道了如指掌，但是在面对各种营销新概念和新玩法的时候激动而又迷茫，一方面希望自己的企业能够应用这些新营销手段实现增长，另一方面对企业营销人员的工作又十分不满意，并且感到困惑：营销工作除了不断花钱和宣传新概念，看不到对驱动业务增长有什么帮助，营销和业务明显脱节。

企业营销经理对各种营销热点、营销新概念、营销新工具不断追逐，积极尝试。然而，营销的效果往往不尽理想：人家的营销总是很成功，自家的营销却一"坑"接一"坑"，对收入增长、顾客经营、品牌升级没有帮助。

以上现象的根源在哪里？本质在于"对营销理解的片面化"！

今天，商界的信息大多泛滥而肤浅。在此影响下，不少营销人员和企业家仅仅把营销理解成一个个公关文稿或是那些"10万+"文章中描绘的"引爆传播"和"电商秘籍"的传奇。其实，营销是指导企业以顾客价值为中心的经营哲学；营销是指引企业实现目标的系统指南；营销是关乎企业顾客、品牌、产品、定价、渠道的系统性方案和实践！

因此，企业家和营销人员都需要认真学习"真正的营销"，而不是盲目期待和跟风。

学习系统营销思维、掌握营销的底层思维，必看菲利普·科特勒先生的《营销管理》。迄今为止，这本书是对人类营销理论和实践的最丰富、最权威的总结归纳。然而，这本书是名副其实的大部头：8篇23章690页！在当下时间被碎片化、注意力被分散的时代，阅读这样一部巨著是大多数人无法完成的任务，书中的宝贵知识和洞见就成了"寂寞颜如玉"，鲜被发掘。再者，书中的案例大多数来自欧美市场，而中国市场和企业的案例偏少。由于《营销管理》的首要读者是MBA和EMBA学员，而不是企业家、创业者和经理人，因此它对概念、结构、框架论述较多，而对垂直领域的方法和案例涉及较少、深入不足。

为了弥补《营销管理》的一点缺憾，作为菲利普·科特勒先生的学生和科特勒咨询集团的中国区负责人，我和同事乔林、王赛决定为中国企业家、创业者和经理人写一套基于科特勒营销体系并结合中国实践和洞察的营销进阶书。本书就是我们这次尝试的成果。

有必要指出的是，由于市场和营销的快速发展，当读者看到本书的时候，书中的趋势、模式、企业案例和洞察也许已有更新。如果读者想持续获取我们最新的观点和案例，请关注公众号"科特勒营销战略"。

菲利普·科特勒先生曾说："学习营销知识也许只需要几个月，而实践营销却需要一辈子。"毫无疑问，营销是一个先行后知的学科，营销是对顾客的价值承诺！希望亲爱的读者能践行你所学到的营销知识，真正兑现你的价值承诺，给你的顾客，给爱你的人，给你爱的人！

本书的出版要感谢机械工业出版社华章公司张敬柱总经理、王磊副总经理的支持，以及两位非常专业的编辑华蕾和刘静，他们的耐心和鼓励是我完成这本书的巨大动力和专业保障！同时要感谢我在科特勒咨询集团的同事周再宇、郑光涛、王文俊、彭玉洁、高小舜、苗剑、张凡等提供的案例、反馈和纠错协助。

曹虎

科特勒咨询集团（KMG）中国区 CEO

目录

赞誉

推荐序(菲利普·科特勒)

前言

第一部分 升级营销思维

第1章 认识营销:营销的三种视角和两种结构 / 2

故事 富士胶片的营销创新法则 / 3

1.1 理解营销的三种视角 / 6

1.2 新解4P营销 / 9

1.3 顾客视角下的4C营销框架 / 17

1.4 修炼营销的"内功" / 21

1.5 用户参与和关系营销 / 23

第2章 营销的底层思维:制胜的营销策略 / 26

故事 英特尔从隐形冠军到强势品牌 / 27

2.1 好营销，坏营销 /28

2.2 营销的底层思维 /39

第二部分　洞察营销机会

第3章　建立你的"CIA情报网"：营销信息收集和市场调研 /46

故事　商场里领带摆放的位置和商场平效 /47

3.1 市场洞察的基本概念 /49

3.2 如何进行市场调研 /52

3.3 建立营销信息收集的内容框架 /55

3.4 宏观环境洞察：PPT框架 /58

3.5 中观行业竞争分析：三类竞争对手 /59

3.6 微观层面的顾客洞察 /60

第4章　破解顾客密码：洞察消费者市场的商机 /62

故事　用"时间观"理解消费者的内心 /63

4.1 定义顾客需求 /64

4.2 洞察顾客需求：动机 /67

4.3 洞察顾客需求：感知和记忆 /71

4.4 洞察顾客需求：行为 /73

第三部分　探索顾客价值

第5章　认知的解构与重构：市场细分和目标市场选择 /78

故事　戴在手腕上的时装和非洲手机新秀 /79

5.1 战略营销的核心——STP / 81

5.2 如何用市场细分获得业绩增长 / 83

5.3 市场细分的方法 / 88

5.4 目标市场选择 / 98

第6章 认知的垄断：建立强大的市场定位 / 108

故事 吉列公司到底是做什么的 / 109

6.1 什么是定位 / 110

6.2 有效定位的方法：五价值定位法 / 114

6.3 定位与差异化战略 / 124

第7章 认知的资本化：创建品牌资产 / 131

故事 为什么可口可乐的品牌超越产品 / 132

7.1 什么是品牌 / 133

7.2 品牌资产的概念和两大模型 / 136

7.3 品牌资产的创建模型和路径 / 140

第四部分 创造顾客价值

第8章 九死一生的挑战：开发新产品和新服务 / 144

故事 3M的创新冒险和商业传奇 / 145

8.1 为何要开发新产品和新服务 / 147

8.2 洞察顾客场景和任务 / 151

8.3 洞察顾客的深度需求 / 153

8.4 关注奇异用户 / 155

8.5 跨界水平思维 / 157

第9章 爆品还是经典：制定产品策略 / 161

故事 联合利华为什么从1600个品牌减少到400个品牌 / 162

9.1 什么是产品组合 / 163

9.2 产品组合管理的三个维度 / 165

9.3 产品组合管理 / 171

第10章 难忘的旅程：设计和管理服务 / 173

故事 北欧航空公司：优质的服务如何转变成高额的利润 / 174

10.1 客户体验的MOT / 176

10.2 互联网行业的客户体验管理案例：美捷步 / 177

10.3 传统行业的客户体验管理案例：深圳航空 / 180

10.4 客户体验管理的内涵 / 181

10.5 客户体验管理的工具：客户旅程地图 / 183

第11章 价格和价值的博弈：定价的策略 / 187

故事 联邦快递的价值战 / 188

11.1 定价及其功能 / 190

11.2 产品定价的五大方法 / 191

11.3 价格和价值的关系 / 198

11.4 价格战的再思考 / 200

第五部分　整合营销渠道

第12章　渠道的定位和升级：设计和管理营销渠道　/ 204

　　故事　三代人的生意：卡特彼勒的渠道管理　/ 205

　　12.1　传统渠道和新渠道　/ 206

　　12.2　渠道管理的趋势和实质　/ 209

　　12.3　渠道管理变革背后的力量　/ 210

　　12.4　渠道管理的升级　/ 213

第13章　从经济行为到生活方式：新零售　/ 223

　　故事　从一条、二更和快闪店说起　/ 224

　　13.1　新零售"新"在哪儿　/ 226

　　13.2　新零售下的消费者画像　/ 229

　　13.3　新零售下消费者的品牌态度　/ 231

　　13.4　新零售的六大业态　/ 233

第14章　造雨者：顶级销售团队是怎样炼成的　/ 236

　　故事　雷克汉姆的销售天才研究　/ 237

　　14.1　销售人员的两大类型和特征　/ 238

　　14.2　销售团队如何管理和提升业绩　/ 240

　　14.3　造雨者的特征　/ 242

　　14.4　造雨者常用的八大话题　/ 245

第六部分 传播顾客价值

第15章 数字时代传播的力量：5A全链路营销传播 / 252

　　故事　红牛电视台："挑战自我"精神的全球整合传播 / 253

　　15.1　什么是整合营销传播　/ 255

　　15.2　确定传播目标　/ 257

　　15.3　设计传播策略　/ 260

　　15.4　选择传播渠道　/ 264

　　15.5　制定传播预算　/ 268

第16章 我们都属于社群：数字化社交关系营销 / 271

　　故事　乐高迷的圆梦时刻　/ 272

　　16.1　什么是关系营销　/ 273

　　16.2　数字化时代的社群营销　/ 275

　　16.3　如何搭建好社群　/ 280

第17章 数字化时代的营销战略：4R模式 / 285

　　故事　欧莱雅的千妆魔镜App　/ 286

　　17.1　数字化时代营销战略的变化　/ 287

　　17.2　营销的数字化转型　/ 293

　　17.3　识别：理解和识别目标消费者　/ 297

　　17.4　触达：触及和到达消费者　/ 300

　　17.5　关系：与顾客建立持续交易的基础　/ 301

　　17.6　回报：数字化营销获得收入　/ 303

第一部分

What Is Marketing

升级营销思维

What Is Marketing

第 1 章

认识营销
营销的三种视角和两种结构

营销不是兜售产品的技巧。营销是关于如何为顾客创造真实价值的艺术和科学。营销是如何让顾客更好地成为他自己的艺术。营销人是质量、服务和价值的守护神。

——菲利普·科特勒

故事　富士胶片的营销创新法则㊀

众所周知，数码拍照技术摧毁了胶卷巨头柯达，但同样以胶卷起家的富士胶片（Fujifilm）不仅没有衰亡，反而迎来事业的第二春，成为年营业收入超过 200 亿美元的创新者。

20 世纪 90 年代，富士胶片在中国市场占据了 60% 的份额，大街小巷的照相馆、冲印店随处可见，以至于现在很多人对这家企业的认知还停留在胶片相机时代。但富士胶片现今已经悄然转型，成为医疗和影像领域的解决方案提供集团，也是全球领先的生物制药 CDMO（外包研发生产服务商）。2018 年，富士胶片被国际知名生命科学期刊 *GEN* 杂志评为全球顶级的 15 家生物工艺（bioprocessing）公司之一。

一家胶卷企业，如何跨界成为新行业的领导者呢？

德鲁克曾说：企业有且只有两项最基本的职能——营销和创新。为什么德鲁克要把营销放在和创新同样的高度上？

㊀ 参考资料：
https://mp.weixin.qq.com/s/P_81Z-lKGml7gdlAtZiZnQ.
https://mp.weixin.qq.com/s/9Pz9w-c_qzH2_RuB2YhU6Q.
古森重隆. 灵魂经营 [M]. 成都：四川人民出版社，2017.

而在大多数国内消费者眼中,市场营销不是向来被视为"三教九流"的洗脑和推销术吗?

富士胶片的成功转型恰恰纠正了人们对于营销的偏见,证明了市场营销不只是研究传播和销售的学问,更是洞察市场变化、制定增长策略的科学。

市场营销 = marketing =(market + ing)>(传播+销售)

富士胶片在1934年成立时,是一家感光材料制造商,而后逐渐扩展到胶卷业务。如果你学过化学或涉猎过胶卷业务,可能会知道胶卷的底层技术是化工技术,而化工技术和生物制药技术其实只有一墙之隔。比如,现在国内大学化工专业和生物制药专业的课程是类似的。所以,富士胶片从胶卷行业跨入医疗行业,其实是实现了底层技术和市场营销策略的转型与创新。

20世纪80年代,随着信息技术的涌现,富士胶片逐渐意识到过去的胶片业务即将面临新的市场风暴。于是,富士胶片CEO古森重隆带领市场专家和技术专家着手战略变革,他们深入研究了市场和技术趋势,提出了如图1-1所示的四象限战略。

以此为基础,古森重隆重新调整了业务布局和市场战略,最终实现了跨越经济周期的经营。

时至今日,富士胶片的业务线已经延伸到医疗生命科学、印刷、数码影像、光学元器件、高性能材料、文件处理六大业务领域。其中，治疗阿尔茨海默病的药物、抗病毒药、医用内窥镜、彩超机、防晒霜等医疗相关产品，已经成为富士胶片的中坚力量。

由此可见，创新和营销是企业长盛不衰的秘诀。

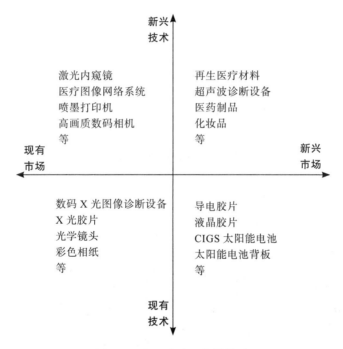

图1-1　富士胶片四象限战略

第1章的主题是"认识营销"。什么是营销？首先，营销是一套思维理念，它的核心思想是：公司存在的目的是创造顾客，公司经营的核心是创造顾客价值并获得回报，公司经营组织要以顾客为中心展开。因此，**营销就是能帮助公司**

获得盈利性增长的一系列决策理念、策略、流程和行动。进而，我们可以将营销视为一个"系统结构"。这个结构的范围和内涵远远超出销售、传播和广告。

我们可以从三种视角和4P、4C两种结构来理解营销的系统结构，这对我们在真实世界中应用营销实现增长极为重要。

1.1 理解营销的三种视角

顾客价值链的视角

营销是一个关乎顾客价值的企业流程，是企业理解顾客价值、创造顾客价值、传播顾客价值和交付顾客价值的完整过程（见图1-2）。

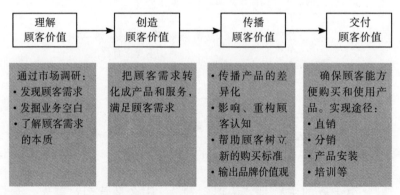

图1-2 从顾客价值链的视角看营销

首先是理解顾客价值。我们可以通过市场调研、用户访谈、用户观察去发现顾客对于产品和服务的需求，顾客对于现有的产品和服务的不满意之处，顾客深度的本质需求是什么，市场的空白点在哪里。这是营销工作的第一步：理解顾客价值。

其次是创造顾客价值。这一步非常具体，即将对顾客需要的理解变成产品和服务来满足顾客的需求、解决顾客的问题。营销战略是否卓有成效，不是看广告做得多棒、董事会的营销战略 PPT 有多棒，而要看对客户需求的探知有没有落实到产品和服务并且最终让顾客感受到。如果顾客没有感知到，那么营销战略就是失败的，不过是闭门造车、自娱自乐。这就是营销工作的第二步：通过产品和服务创造顾客价值。

再次是传播顾客价值。这是指我们需要把产品和服务有效地传播至目标顾客。营销和顾客价值是高度相关的，营销的价值通过影响顾客的认知而呈现：让顾客认识到产品的差异化、产品的特点、产品如何解决他们的问题。在这个阶段，营销表现为市场传播，是一种公关活动，是整合营销传播。

最后是交付顾客价值，即顾客如何方便地购买、使用或者导入产品。这一过程最重要的手段包括分销、产品安装、服务人员的培训、正确的使用指导等。

企业经营理念的视角

营销不仅是一项职能，它还指导企业如何分配稀缺资源、和客户构建怎样的关系、如何塑造品牌、如何盈利。它作为以顾客价值为中心的核心理念，来指导企业的经营决策。

纵观企业发展史，企业经营理念有很多种。在顾客众多但产品稀缺的时代，只要能做出足够好的产品、能大规模生产，企业就能挣钱。企业围绕着资源来展开生意，获取生产技术，获取生产能力，大面积分销。这时的经营理念以产品和生产者为中心，以发挥企业规模效应为中心，而顾客并不重要，就像福特曾傲慢地宣称："你可以自主选择你喜欢的汽车颜色，只要它是黑色。"消费者只能购买市场上现有的产品。在这种情况下，营销并没有出现。

当产品过剩且高度同质化，消费者的注意力变得稀缺，企业的竞争变成了如何将产品卖出，转化成实实在在的利润。这时，企业必须投消费者所好、前瞻性地预测消费者的需求，顾客需求的差异化才得到重视。当我们开始了解顾客、研究顾客，以产品差异化及打造品牌为目的来构建企业的资源分配和经营时，营销理念才成为企业指导经营的核心理念（见表1-1）。

表1-1 企业经营理念的转变

	企业的经营理念	企业的做法
产品稀缺时代	以产品和企业为中心	• 发挥企业规模效应 • 降低企业成本
消费者稀缺时代	以顾客价值为中心	• 预测/创造顾客需求 • 设计差异化产品 • 打造品牌

从这个角度来看，营销是一种指导企业围绕顾客偏好构建顾客价值、打造差异化产品、塑造品牌的经营理念。

企业流程的视角

这种观点认为**营销开始于激发市场需求，终止于顾客忠诚，是一个环环相扣、高度严密的执行流程**，又称为"LTC 流程"（leads to cash），其过程如图 1-3 所示。

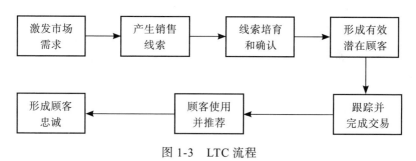

图 1-3　LTC 流程

营销是一个从激发市场需求、产生销售线索、线索培育和确认，到形成有效潜在顾客、跟踪并完成交易、顾客使用并推荐，最终形成顾客忠诚的完整执行链条。B2B 行业最为典型，华为就针对不同的产品线，如交换机、ADC 设备、手机，设置了不同的 LTC 的流程。

流程化的优势在于操作便捷，企业可以通过数据、岗位设定、KPI（关键绩效指标）使流程不断按照企业要求和营销目标向前推进。

1.2　新解 4P 营销

"4P"是营销中的高频词，它还有另一个名称——营销组合（marketing mix）。4P 是由美国密歇根大学的杰罗姆·麦卡锡（Jerome McCarthy）教授于20世纪60年代提出来的。当时整个营销界一直在讨论营销人员或者营销高管应该管什么，是营销组织、价格、渠道，还是产品？麦卡锡教授一直在思考能否把这些元素简化并且结构化，帮助大家记忆并且系统化思考。一天，他在密歇根大学教室外的停车处看到了停车的"P"字，灵感突然来了。他把这些营销元素组合起来，浓缩成了4P（见图1-4），即**产品**（product）、**价格**（price）、**推广**⊖（promotion）以及**渠道**（place），4P理论就此诞生！

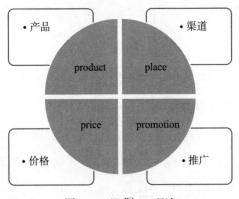

图1-4　经典4P理论

经过50年的发展，虽然有人陆续提出了6P、12P、4C等新理论，但都没有跳出经典4P理论的范畴。4P理论简明扼要，适合企业营销人员在市场细分和定位明确的情况下执行营销战略，是个被验证有效的管理工具，具有很高的实战价值。

接下来，我们来解读4P理论的具体内涵。

⊖　promotion也可翻译为促销。

产品（product）

营销工作的第一个重点就是创造和管理产品，解决的是卖什么、向谁卖的问题。产品管理涉及产品定位，目标顾客，核心功能以及为顾客带来的核心利益，与竞争对手的差异化，等等。

有时企业推出的不是单个产品，而是系列产品，因此还需要考虑产品线的组合问题。企业可以利用不同的产品或产品线，满足企业的不同目标，来赢得市场竞争。比如，用哪些产品来打价格战，用哪些产品来获取高额利润，用哪些产品来塑造品牌形象、获得领先认知……关于产品的决策是营销的根基性决策，企业通常会设置产品经理或品类经理来专门负责。

价格（price）

4P 的第二个 P 是价格。正所谓，世界上没有卖不出去的产品，只有卖不动的价格。价格策略的制定关乎企业的盈利能力。定价是一个战略性决策，有很多诀窍和方法，主要分为以下几种，企业可以依据所处行业和市场的竞争情况进行选择，我们将在第 11 章详细介绍。

- 随行就市定价法。
- 成本加成定价法。
- 撇脂定价法。
- 差异性定价法。
- 基于认知价值的定价法。

推广（promotion）

推广就是大家常见的广告、公关和促销。在报纸、杂志、电视媒体为主流媒体的时代，企业主要通过这类大众媒体，以广告的形式进行传播。现在，线上线下渠道非常丰富，除了高度发达的媒体渠道，顾客还可以通过社交媒体互动，通过网红和KOL（关键意见领袖）来"种草"和评价产品，甚至有些顾客本身也成了KOC（关键意见消费者）。企业的推广变得空前复杂和碎片化，但同时也充满了机会。这时，企业仅仅采用多媒介覆盖的"整合性"传播是不够的，还需要采用多媒介"融合性"传播和基于顾客购买旅程的全链路传播。整合营销传播，是按照媒体类型进行划分，各媒体传播同样的信息，但媒体间没有联系。融合性营销传播，是按照顾客媒介触点进行划分，顾客在各种媒介触点中能接收同样的信息，而且这些媒介触点可以互相导流，促进传播。比如，顾客可以通过电视广告中的二维码和手机内容广告互动。

以往，我们关注媒体的投放回报率，比如一支广告投放到户外媒体会产生多少曝光量，以此来衡量这种方式给企业带来的品牌投资收益率。但现在，企业还要关注媒体组合及媒体之间的相互依存度，因为已经很难再用单一手段推广产品，也很难衡量单一媒体推广渠道为品牌带来的媒体投放回报率（见表1-2）。

表 1-2　推广新趋势

	企业关注点	传播特点
过去	单一媒体回报率	整合营销传播
现在	媒体组合回报率	融合性营销传播

举个例子,你需要购买一辆汽车,早晨打开手机刷微信朋友圈,收到一条广告:某新款汽车 A 上市,凭该广告可以享受优惠。之后,你吃早餐时翻开报纸,发现报纸的半版广告都是庆祝 A 汽车上市,凭该广告可以获得 50 元油费优惠券。接着,你开车去上班,看到高速公路旁有一个户外广告,上面写着:某经销商为庆祝 A 汽车上市,特别推出了抽奖计划,欢迎新老客户到店参与活动。车里的收音机也在播报 A 汽车的广告。到达单位,你打开邮箱的第一封邮件便是关于 A 汽车的促销优惠券。工作休息期间,你点开微博,发现自己喜欢的明星正在与 A 汽车品牌互动……于是这个周末,你决定带着全家人一起去 4S 店购买 A 汽车。

以上就是今天的顾客做出购买决策的典型场景,企业很难判断是哪个具体的广告或渠道给这款汽车的销售带来了最大贡献。企业已经进入一个全媒体融合互动的时代,营销负责人需要构建的是融合媒体的全链路整合投资模型。

除投放广告以外,新的传播现实使顾客越来越多地成为品牌声音的一部分。过去是企业拍广告,现在是顾客自己创造内容。这时的传播就不再是简单的单向传播,而是实时的客户沟通。这种沟通互动是融合了企业产生的内容、顾客产生的内容和专家评论的综合性的内容营销。所以，推广是企业塑造品牌和获取顾客的关键工作，也是很多企业在面对营销新现实中最明显的一个转型领域。

渠道（place）

4P 的最后一个 P 是渠道，即分销渠道，也是 4P 中最难管理的一个要素。因为前三个 P 都可以在相当大的程度上为企业所主导和控制，唯有最后一个 P 不为企业所控制，它包括经销商、代理商、终端零售商等，是社会合作资源。渠道的管理需要企业具有强大的号召力和组织协调能力。在营销变革中，它的变数是最大的。当然，渠道管理做得好，也会获得意想不到的营销优势和突破。

回顾中国家电和手机行业的发展历史，我们发现：跨国公司败于本土企业的根本，就是输在了渠道上。跨国公司具备强大的品牌塑造能力、完善的定价机制、娴熟的产品线管理能力，但是它们的弱点在于经销商管理、本地化渠道的构建、对渠道成员的激励和对渠道成员能力的培养。正是凭借这些方面的相对优势，中国才出现了 TCL、创维等超出日本传统家电企业的优秀企业，才会出现国内手机在分销渠道上超越苹果的现象，才会出现王老吉、娃哈哈超越国外饮料的销售业绩……这些创新全部发生在渠道端。近年来，在小米、vivo、兴盛优选等品牌崛起的进程中，渠道变革是重要因素。

渠道选择、渠道政策和渠道激励机制是渠道管理的核心。

在营销新现实下，渠道形态和渠道结构发生了重大的变革。以往，企业通常采用三级分销：企业生产产品，分销到总代理，再到经销商，最终到终端用户（见图1-5）。三级分销有很多弊端，比如**窜货**，不同区域的经销商相互倒货，或者某一区域的经销商向另一区域的客户倾销产品，造成价格混乱。

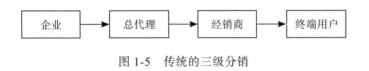

图1-5　传统的三级分销

现在，渠道趋于扁平化，二、三级批发商没有了生存空间，大量消失；新的渠道陆续出现，比如平台电商、社交电商、直播电商，企业可以将产品直接快递到消费者手中，实现了一级分销。同时，还出现了线上线下的融合：基于社交平台的微商和基于社区的团购把消费者和经销商合二为一，消费者通过向其他消费者推荐产品而成为新的渠道，这极大地增加了渠道的密度。

企业处在一个渠道解构和重构的时代，一方面是渠道形态的高度多元化，另一方面是零售行业的整合以及零售终端的延伸（见图1-6）。

当前的渠道具备两大特征，其一是**融合化**，即线上线下渠道和私域无缝连接，共享同一套库存数据和顾客服务体系，顾客可以从不同的渠道获得一致的体验，比如火车票购买系统。其二是**全球化**，越来越多的分销商、大型零售商是全球化公司，比如7-11、Costco，这就要求企业必须相应地构建起全球化的渠道管理体系，集中议价而不是分区议价。

渠道的能力发展和渠道的转型是核心议题，企业需要和渠道伙伴深度合作，把渠道的角色从服务商、物流商、仓储配送商转变为"区域增值营销商"。

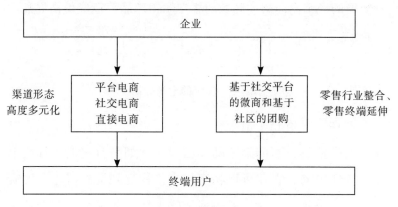

图1-6 渠道的重构

综上所述，营销4P涵盖了企业创造和交付顾客价值的主要内容。无论技术和市场如何变化，营销的4个核心工作都是不变的。

营销新现实

新顾客、新市场、新技术以及企业新能力，这四个要素构成了营销的新现实。它的形成源于背后三股重要力量的驱动：第一，全球化，中国市场已成为全球企业的竞技场；第二，技术革新，电子商务、精准定位、智能推荐、二维码、流媒体等技术，使企业和顾客的关系变得史无前例的紧密；第三，社会责任，企业对社会责任的担当成为推动企业成长的重要原因。

在营销新现实下，作为营销最核心的部分——4P 理论也在不断发展。针对服务行业营销，布姆斯（Booms）和比特纳（Bitner）在 1981 年提出了 7P 营销理论，在传统 4P 理论的基础上增加 3 个 P：首先是人（people），对服务行业而言，人才是最重要的资产，服务、产品都是通过人来交付和互动的。其次是流程（process），因为企业需要高效且连续的流程来驱动业务发展。最后是实物性证据（physical evidence），企业需要把看不见、摸不着的服务变成顾客能切身感知的实体。这就是银行推出会员卡、航空公司为贵宾铺上红地毯的原因，要把无形的服务变成实实在在的价值感知，通过物理证据标识出来。7P 就是完整运用于以服务为导向的行业的营销管理内容。

所有行业存在的最终目的只有两个：要么通过产品或服务为客户解决问题，要么为客户提供难忘的体验。营销的 4P 也好，7P 也罢，归根结底都是确保创造和交付卓越顾客价值的管理机制，它们是互相关联、联动互依的关系。

1.3 顾客视角下的 4C 营销框架

在营销新现实中，除了 1.2 中介绍的 4P 理论，还有一个 4C 营销框架。4C 与 4P 的区别在于：4P 是从企业的视角来管理营销，而 **4C 是从顾客的视角来理解营销**（见表 1-3）。4C

即**顾客**（customer）、**成本**（cost）、**沟通**（communication）和**便利性**（convenience）。

表 1-3 4P 与 4C 的对比

企业视角（4P）	顾客视角（4C）	从 4P 到 4C 的变化
产品（product）	顾客（customer）	更关注顾客的问题
价格（price）	成本（cost）	更关注顾客的总体成本
推广（promotion）	沟通（communication）	构建有价值的顾客关系
渠道（place）	便利性（convenience）	快速有效地交付

从产品到顾客

从企业的视角看，它们卖的是产品，而从顾客的视角看，他们购买的是问题解决方案，企业的产品正是解决顾客问题的工具或平台。例如，顾客不仅关心企业卖的是电动汽车还是汽油车，他们更关心的是出行的体验是否顺畅和高效。

哈佛商学院教授西奥多·莱维特（Theodore Levitt）在《哈佛商业评论》上发表的文章《营销短视症》中举了一个例子：他曾经去调研一家做电动工具的公司，这家公司所有的电动工具中卖得最好的是一种 1/4 英寸⊖的钻头。他询问销售经理："你们的钻头为什么卖得这么好？"销售经理回答："因为钻头型号齐全、质量好、耐用、价格合理、有口碑……"销售经理讲了产品的很多好处和特点。而当莱维特教授询问

⊖ 1 英寸 = 2.54 厘米。

一些购买了该种钻头的顾客时,发现顾客并不是这么认为的,他们说不出来产品的型号和特点,但都表示用这家公司的钻头钻孔快、平、光,而且一次钻成。这个现象十分有趣:企业认为自己卖的是 1/4 英寸的钻头,而顾客真正购买的是 1/4 英寸的孔!这就是视角的差异。正是由于这个差异,公司才会有完全不同的营销战略,当公司从产品视角转变为顾客视角时,就会获得一种发现差异化竞争空间的全新认知。

从价格到成本

价格对于企业来说是定价及定价策略,但对于顾客来说是成本。成本不仅指产品本身的价格,还包括其他相关成本,比如,为了使用产品所需的培训,产品使用过程中的维护费用,以及购买产品的时间付出。在 B2B 的产品领域和一些重大购买领域(如人寿保险、房屋、汽车等),错误的决策会导致严重的后果,因而需要花费大量的时间去比较和研究。

当企业认识到顾客真正关注的是**总体拥有成本**(total cost of ownership,TCO)而非产品本身的价格时,就有机会在价格上进行差异化,比如通过降低顾客总体拥有成本而不是简单地降低定价来获得价格优势。

一项针对美国 2000 多家 B2B 供应商的调查显示,在采购经理选择供应商时,价格因素通常排在第四或第五位。相比价格,采购经理更看重产品质量的稳定性、交货周期、服务的可靠性。从价格到总体拥有成本这个认知的改变为企业打开了一扇竞争的窗口,一个全新的价值创造空间。

很多跨国公司在面对低价竞争时,并没有降低产品的价格,而是提供又快又好的安装、维修、培训等服务,来抵御价格战。顾客虽然支付了高价,但其总体的回报率因为服务的提升反而会提高。相反,如果采用价格战,价格一旦降下去,就很难再涨回来,价格体系就会崩溃。

从推广到沟通

从企业的角度,推广就是把品牌故事传播给受众,塑造新的品牌认知,并形成良好的口碑。但从顾客的角度,没有人愿意天天被品牌洗脑。2020年,中国一线城市的消费者每天平均会接触到3000多个品牌信息,他们没有兴趣了解品牌,也没有兴趣听企业讲故事。他们希望得到真诚、有趣、高质量、高价值的沟通,希望企业给他们带来诀窍、洞察、有意思的故事,以帮助其更好地成长或者做出更好的决策。

顾客真正需要的是有互动、有价值的沟通,这同样可以用在产品和用户的关系上,没有任何价值的沟通一定会断掉。当企业转换视角,从推广变成沟通时,这种沟通一定是有价值的关系构建(见表1-4)。

表1-4 企业与顾客对内容的不同关注点

	关注点不同	形　式
企业	品牌故事	广告、品牌认知、口碑
顾客	自身需求	真诚的沟通、有洞察力的故事、解决方案

从渠道到便利性

分销渠道，对于企业来说是为了触达顾客，对于顾客则意味着其消费时所感受到的便利。消费者并不关心企业采用了几层分销，他们只希望在需要的时间、需要的地点可以尽快收到产品。

因此，企业应尽量避免线上和线下店分属不同部门负责的情况，而应统一销售服务，即便顾客从不同渠道购买产品，也应该享受一致的购物体验。在渠道变革中，要确保顾客感知的无缝衔接，丰富顾客的体验，实现有效、快速的交付。

从 4P 到 4C，不仅仅是四个词的变换，更是范式的转变，即思维框架的转变。这个转变是对新顾客、新渠道、新传播、新技术的直接回应。4C 为企业家打开了一个新的价值空间，让"以顾客价值为中心"这个理念真正变成营销工作的具体实践。

1.4　修炼营销的"内功"

营销中有一个非常重要却常被忽视的概念，叫作**内部营销**。前两节介绍的 4P 和 4C 主要探讨的是如何服务顾客，好像营销工作是完全对外的，其实不然，任何企业的营销工作都有一个由内而外的过程。如果企业内部的高管和员工事先不能就企业如何为顾客创造价值达成共识，很难想象这家企业会真正地兑现顾客价值。所以，营销的一个重要基础就是公司全员对于使命、愿景、价值观及品牌价值高度认可和承诺。这时内部营销就非常重要。

所谓的内部营销，就是将企业的品牌、定位、价值诉求、经营理念有效地传播给内部所有岗位的员工，并让每个人都能收到同样的信息、感受到共同的使命，同时将每个岗位的工作和企业所创造的顾客价值关联起来的过程。如果公司中的某个岗位和创造顾客价值无关，那么这个岗位就没有存在的意义。

营销并不只与销售人员、市场人员有关，它和财务人员、生产一线的工人都有很大的关系。比如，会计将账目核对清楚，确保每笔款项都能按时付出，确保每张发票都准确无误，也极大地提升了顾客的体验。内部营销是企业形成合力、达成组织使命非常重要的工作，但常常被企业忽视，就如同很多企业过分重视对外的顾客竞争，却经常忽视吸纳、培养、留住优秀人才的竞争。

企业的竞争永远在两个战线：一方面是获取优秀人才的人才之战；另一方面要把营销的理念变成内部的共识，以赢得顾客争夺战。良好的内部营销是所有卓越公司的共同特点，比如苹果、宝马公司的营销理念就深入每一位员工的内心，如果你走进它们的零售店，很容易感受到店内服务人员的价值观和对顾客的态度基本是一致的。

当一家公司把它富有感召力的使命——不杀害动物、不使用油脂、创造友好的社群等理念变成每个员工普遍接受的价值观时，这家公司是具有极强魅力的，会吸纳一批忠诚的、有共同理念的人才。所以，内部营销是企业对外营销成功的一个关键组织保障。

1.5　用户参与和关系营销

移动互联网、社交软件和电子商务平台使顾客可以在多种场景下与企业构建关系，或批评企业，或表扬企业，或推荐企业的产品，或诋毁企业的品牌。这就要求企业有更敏锐的意识和能力与顾客建立长期的互动关系。

有一个颇具启发性的营销定义：**营销是企业与顾客构建可持续关系的艺术和科学**。企业的产品能以多高的价格出售，取决于交易双方构建了多大价值的关系。保险公司销售人员销售人寿保险，一张保单的数额可能高达几百万元，所以他会花大量的时间和潜在客户沟通，对于潜在客户的工作和家庭情况，他如数家珍，甚至可以提醒潜在客户所关心事件的动向，这就是一种关系的构建。关系营销是企业构建长期顾客价值的基础，企业现在有很多手段可以管理客户关系，比如通过 CRM（customer relationship management，客户关系管理）系统加上社交媒体，线上线下活动，邀请消费者共同参与产品创建、大规模定制化等，来辅助实现客户关系管理。

还有一个重要的概念叫作**关键时刻**（moment of truth，MOT），指的是影响顾客核心体验和决策的时刻。宝洁公司前 CEO 雷富礼曾说，营销过程有两个关键时刻，当消费者进入商超之后，从众多产品中挑选一个买走，这是第一个关键时刻。但这并不意味着营销的成功，因为马上会进入第二个关键时刻，即消费者买走后使用的那一瞬间，会做出继续购买或放弃复购的判断，这是第二个关键时刻。第一个关键时刻是产品的试用，第二个关键时刻是产品的复购或推荐。大多数新产品上市的失败，不是失败在第一个关键时刻，而是失败在了第二个关键时刻。为了实现第一个关键时刻的成功，为了消费者能够选择尝试新产品，企业需要投入大量的市场费用，如果消费者购买一次后不再回购，那么企业前期的巨额获客成本就难以回收，新产品没有回头客，最终就失败了。

除了这两个时刻，还有一个重要的时刻叫作**零关键时刻**（zero moment of truth），指的是消费者在真实接触到新产品之前，就已经决定购买该产品的时刻。比如消费者在购买薯片或化妆品之前，可能不会直接去商店选购，而是在一些"种草"平台，如小红书、抖音、快手、淘宝直播、微信朋友圈等，获得了产品的信息和推荐，再进行"拔草"。欧莱雅有一款"烧伤妆"彩妆产品，因为 Lady Gaga 短短 5 分钟的化妆视频，在一个月内吸引了 4000 多万人观看，实现了百万笔订单。这就是零关键时刻的力量，顾客购买路径中的许多环节已经被前置了，企业需要围绕顾客的购买路径来重新设计营销布局,利用社交媒体主动地与顾客对话,积极影响顾客的认知。

经过上述介绍,你可能会觉得营销就像一个筐,什么都能往里装,但请记住一点:所有营销决策都是围绕着创造更多的顾客价值而展开的。

很多人都知道美国西南航空公司,这家公司的特点是票价低、顾客忠诚度高。这家公司做了一个市场调研,顾客纷纷反映如果飞机上能够提供蔬菜沙拉,他们就会更加满意,也更加愿意搭乘该公司的航班。经过再三权衡,西南航空公司最终决定提供蔬菜沙拉,但需要收费,而且这个沙拉很咸,顾客还需要再买水。这看起来似乎降低了顾客价值,其实,西南航空公司明白,他们最重要的顾客是那些"你给我一个能飞的东西,只要足够便宜,我就敢坐上"的顾客。低价是其核心顾客的核心诉求,为了保持低价且盈利,其他服务都必须服从这个主旨。

这个例子启示我们:**所谓营销,就是永远围绕着企业核心顾客的核心需求进行的价值创造。**

What Is
Marketing

第 2 章

营销的底层思维
制胜的营销策略

在战略上做正确的事情,比立即获利更重要。

——菲利普·科特勒

故事　英特尔从隐形冠军到强势品牌

在 PC 行业发展的早期，购买者根本不关心设备里使用的是什么处理器。作为处理器生产商的英特尔（Intel）认识到，消费者的这种观念使它处在一个受制于下游企业的不利境地，必须做出改变以取得市场主动权，从而摆脱下游企业的束缚。

英特尔的具体策略就是主动出击直面终端消费者，通过加大新产品广告的宣传力度，并采用与合作客户联合营销的方式，引导用户的需求，反过来促使 PC 厂商采用英特尔的产品。英特尔因此成为市场的积极拓展者。

1991 年，英特尔推出首个广告语"Intel Inside"，以及那段著名的、代表"Intel Inside"的声音。这个短句还被印成贴牌，作为铺展渠道的手段，它以 5% 的返利出现在了 200 多个配有英特尔处理器的品牌设备上。当然，要英特尔付这笔钱也是有条件的，PC 厂商必须严格执行英特尔的规定，包括"Intel Inside"的贴纸要放在哪个位置、"Intel Inside"在电视广告上出现的时间长度以及声音的大小。

英特尔大量的广告宣传，再加上英特尔处理器此前在PC市场的技术领先地位，使得"Intel Inside"为英特尔树立了一个非常知名的产品品牌形象——它证明了那些隐藏在大众消费品中的不知名部件同样能够拥有极高的知名度。英特尔品牌代表的是"英特尔的世界级技术"，当放置在设备上或营销中时，它提醒终端用户：他们购买的设备包含英特尔的技术，并且英特尔会提供他们期望从英特尔获得的性能、质量、可靠性和兼容性。

一方面，"Intel Inside"的广告语为英特尔打造了一个强势的品牌形象，使其市场领导者的地位更加稳固。另一方面，英特尔多年的隐形冠军地位也为"Intel Inside"广告语的传播创造了机会。

2.1 好营销，坏营销

很多企业在积极地学营销、做营销，甚至用营销来指导经营，但结果千差万别，我们不妨先讨论一下什么是好营销，什么是坏营销。

加州大学洛杉矶分校的教授理查德·鲁梅尔特（Richard Rumelt）在他的经典著作《好战略，坏战略》中尖锐地指出，今天可能没有哪个CEO会承认自己的公司没有战略，即使他们运用了大量的战略管理工具，也可能制定出一个和公司发展不匹配的坏战略。营销也是如此，几乎所有的组织都设立了营销部,也很重视营销,但营销工作做得是好是坏,应该如何界定呢?我们认为,界定好营销和坏营销的根本,应当回到营销作为一种商战思想背后的思维本质,我们将这个思维本质称为**思维底牌**。

有一个著名的竞争战略分析框架叫作SWOT分析(见图2-1),是指在市场分析中对企业所面临的优势、劣势、机会和威胁进行全面综合的评估。

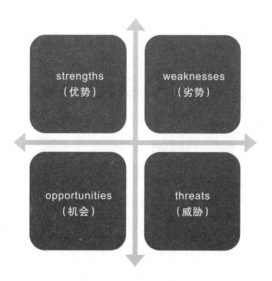

图2-1　SWOT分析框架

遗憾的是,绝大部分人在运用SWOT框架时或多或少都存在问题。比如,如果你询问工商银行的高管什么是工商银行的市场优势,他们可能会说是网点,因为工商银行在全世界的网点数是最多的,这也是工商银行一直在追求的核心优势。如果将网点多作为银行的竞争优势，可能会得出不恰当的结论。比如，平安银行在北京、上海、广州、深圳这些一线城市中网点较少，但这并不意味着它相对于工商银行处于劣势，网点少反而是其优势所在。因为它可以把布局线下网点的成本用于发展客户、开发数字业务，所以平安银行早在10年前就开始取消跨行转账的手续费以及异地取款费。可以看到，平安银行客户的发展势头非常迅猛，成为10年来中国发展最快的本土银行之一。

从以上两个案例的对比可以看到，同样依据SWOT分析框架，不同组织看问题的视角可能完全不一样。这就要求营销人员具备战略家的眼光，去洞察工具背后的思维底牌。

另一个界定好营销和坏营销的指标是，营销是由哪一个组织层级来负责。科特勒咨询集团在为《财富》500强企业及不同行业的快速成长企业制定营销战略时发现，有的企业将营销部归入市场部，有的企业将营销部归入销售部，有的企业则把市场部和销售部合并为市场营销部，认为这样就能做好营销，这是营销在很多企业中没有充分发挥作用的原因。在科特勒看来，营销是能为客户创造价值的一整套市场经营战略，是一种组织层面的思维方式，是每个市场人员都需要掌握的一套思维。

好营销背后的共性因素大致可分为三个部分：**逻辑**、**想象力**和**人性**。我们用三个案例来说明这些共性因素。

⊙ 案例　可口可乐：市场空间是64%，还是97%

20世纪80年代，可口可乐新晋了一位名叫郭思达（Roberto Goizueta）的董事长。郭思达上任后做了一项针对高管和经销商的调研，发现他们对可口可乐未来的发展预期分为两派：一派可称为自豪派，他们认为现在可口可乐全球的市场占有率已经达到了35.9%，远远地甩开了竞争对手百事可乐。另一派是悲观派，他们认为可口可乐的市场份额已经是第一了，不再具备高速增长的空间了。

了解这些情况后，郭思达召开了一次经理人会议。他在这场会议中的演讲被认为是可口可乐历史上，甚至是整个西方商战历史上最经典的演讲之一。他在会上表示，大家目前看到的可口可乐35.9%的市场份额数据是错误的。因为据观察，每个消费者平均每天要消费64盎司⊖的水，而可口可乐仅占其中2盎司的份额。也就是说，如果按照饮品在消费者胃中的份额比例来计算的话，可口可乐仅占3.12%（见图2-2）。所以，郭思达认为可口可乐未来还有巨大的增长空间。这就是可口可乐历史上被称为"基于胃纳占有率增长"的市场战略。这次会议后，可口可乐进入了纯净水、咖啡、饮料、运动饮料发展的新时期，也是可口可乐历史上发展最快的时期之一。

仔细分析这个案例，我们可以获得一些有益的启发。首先，基于"基于胃纳占有率增长"的市场战略是一种市场导

⊖　1美液盎司=29.57毫升。

向的增长战略。营销充当了公司市场增长的核心要素,营销战略代替了公司战略,成为公司战略中最核心的一部分。这种营销战略通常来源于董事长或者CEO等高管层面。

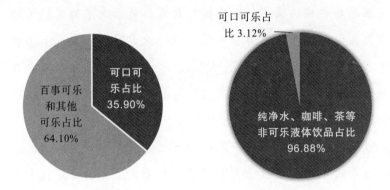

图2-2 可口可乐在不同分类中的占比

其次,这个案例说明了营销的核心关键词——逻辑。可口可乐的份额,如果放在碳酸饮料市场中是35.9%;如果计算在消费者胃中摄入饮品的比例,则变成了3.12%。用营销中的竞争对手分析,可口可乐的竞争对手可以分为三种:第一种是直接竞争对手,比如百事可乐或其他品牌的可乐;第二种是品类竞争对手(或替代性竞争对手),比如其他碳酸饮料——七喜、芬达等;第三种是跨界性竞争对手,表面上没有冲突,但实际上都在争夺消费者的钱包份额。所以,根据不同的逻辑界定的竞争对手是完全不一样的,认定的增长空间也完全不同。因此,我们一直认为,好的营销背后都有正确的决策逻辑作为支撑。

⊙ 案例　雪花啤酒：想象力引领品牌成功

科特勒认为，营销是科学和艺术的融合，而想象力本来就是一种艺术思维。爱因斯坦认为，想象力比知识更重要。雪花啤酒的案例便很好地诠释了营销的第二个关键词——想象力。

2004年，华润并购了全国不少省市的许多地方啤酒品牌（如沈阳的雪花啤酒），但它们均为地方性品牌，尚未形成一个全国性品牌。此时，华润的领导层关注的焦点是：能否从已并购的几十个品牌中挑出一个，将其打造为全国性品牌，在3年内做成行业龙头，来抗衡另外两个竞争对手（青岛啤酒和燕京啤酒）。这是一个经典问题：如何从30多只病猫中培育出一只老虎？

时任华润CEO的宁高宁及华润啤酒公司团队选择了沈阳的地方品牌——雪花牌，并聘请了科特勒咨询集团帮助华润啤酒中国公司进行"打造全国性品牌战略"的市场机会分析。米尔顿·科特勒建议可以通过研究百事可乐进攻可口可乐的战略寻找思路。由于可口可乐的品牌历史更加悠久，百事可乐一直在艰难地模仿可口可乐以求生存。后来百事可乐之所以能翻身，就是因为在20世纪80年代后期提出了一个重要的价值选择——"新一代的选择"，即通过市场重建，抓住新增的年轻一代的消费者市场。

十几年前的中国啤酒市场也是如此，老一代消费者的消费能力渐趋饱和，而新生代的"80后""85后"开始进入消费市场。当时的市场还停留在对口味、包装等产品层面的差异化,并没有深入到生活方式、应用场景、价值观的层面,也没有对客户群进行细分。

于是我们和雪花啤酒的高层一起,反复探讨应当如何做市场细分,即对市场进行重新切割以找到新的增长机会。在经过测试后,我们把目标人群锁定为"80后",以场景和价值观的方式切入,将品牌定位为"畅想成长,雪花是新一代人的选择"。借中国队打入2002年日韩世界杯的余热,在2006年德国世界杯之际,雪花啤酒的广告在电视台一经播出,便引起了年轻一代的极大反响。而后,雪花啤酒坚持此定位13年,销售额从2006年的30亿元上涨到2017年的380亿元,成为全球销售量最大的啤酒品牌之一。图2-3展示了雪花啤酒2004~2015年的年销售量情况。

回顾这个案例,我们深知营销需要洞察机会的眼光,需要审时度势。洞察是需要想象力的,但想象力不是凭空而来的。在雪花啤酒的品牌之战中,科特勒咨询集团的灵感就来自"挑战者"品牌的原型。"挑战者"是指那些新生代的人群,他们对既有规则充满蔑视,希望展现不同以往的、充满自我的表达。在实际营销工作中,企业可以建立一个内部的学习库,尽可能多地收纳案例,就像围棋高手心中有无数棋局和棋谱一样。很多人认为绘画大师毕加索的作品是独创的,倘若你参观过毕加索在法国和西班牙的故居就会知道,其所有的作品都有前代大师的基础,他只是在博采众长后才自成

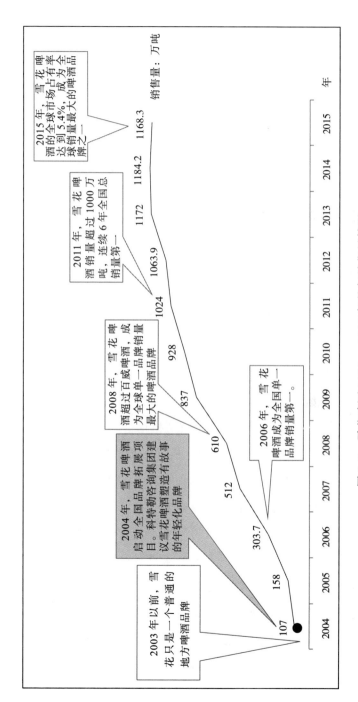

图 2-3 雪花啤酒 2004~2015 年的年销售量情况

一脉的。同样,营销首先需要超群的想象力,要能看到别人看不到的机会;其次可以通过广泛学习商战案例,厚积薄发,以备在实战中使用。

以上两个案例都极富启发性:一个涉及董事会和 CEO 的决策、新兴市场的进入;另一个涉及品牌的复兴与定位。二者均属于决策层和管理层所操盘的营销案例。

营销既需要高层规划,也需要基层执行,接下来,我们看一个执行层面的案例。

⊙ 案例 旅游公司:击中人性的营销策略

一家旅游公司的营销人员如何在最短的时间内用最高效的方式建立起目标人群的数据库呢?一种做法是和与旅游相关的企业交换数据库,进行数据库的横向分享。另一种做法是和一些有基础客户的人做联合促销,把他们的数据库利用起来。除此之外,还可以做线上广告、微博推送、社交媒体广告等。

有一家旅游公司采用了一种更有效的方式。他们举办了一个"零元抽奖,希腊六天四夜梦幻之旅"的活动,并且选择发布在当时非常火热的团购网上。这项活动如果是放在信息网站或者社交媒体上,可能效果就没这么好,因为这些渠道在消费者心中是一个免费的信息传播聚集地,消费者很难聚焦于某个特定的活动。这家公司别出心裁地把这个推广宣传放在了团购网上,而团购网是典型的基于交易形成的网站。

客户消费旅游产品原本是要花重金的，现在却可以零元抽奖，这两者显然会形成极大的反差。一个是信息免费，一个是付费；一个是需要花重金去买旅游产品，一个是零元抽奖，这样就会给消费者一个明确的心理暗示——眼前有一个稀缺的机会，想要抓住这个机会就要迅速购买，或者赶快参与。因此，从注意力获取的角度来说，这种心理暗示的实际效果要十倍于免费的新闻社交网站。这个现象在行为经济学中叫作锚定效应。

所谓**锚定效应**，是指当人们需要对某件事物进行定量估测时，会形成一些起始值，就像船的锚一样，固定在某个地方。这样，人们在以后做决策时，就会下意识地去参考以前的估值。举个例子，将美国一个大众化的服装品牌放在中国一家线下商场里的奢侈品商店旁，比如GUCCI或者BOSS专卖店，消费者可能认为这个服装品牌也是一个奢侈品品牌。再比如，之前提到的零元抽奖，在心理学上会暗示，如果你不参与，可能就要错过一个免费豪华度假游的机会，这利用了人患得患失的本性。

2002年诺贝尔经济学奖的获得者丹尼尔·卡尼曼（Daniel Kahneman）教授发现，人们在计算损失和收益的价值时，心理感知是不对称的。比如，当我们捡到1元钱的时候，获得的幸福感可能是1个单位，但是当我们丢失1元钱的时候，痛苦感可能会是2个单位，两者之间是不对称的。换句话说，决策和判断之间存在人性上的偏差。

旅行公司案例中的"零元抽奖，希腊六天四夜梦幻之旅"，就是利用了人患得患失的本性，让你觉得不参与就会丢掉很多机会。明白这个道理后，你就会明白很多品牌宣传口号的原理，比如，"怕上火喝王老吉"。

从传播内容上讲，如果之前提到的那家旅行公司要求再次参与抽奖就必须邀请一定数量的朋友，当你去邀请朋友参与的时候，你和你的朋友都得到了一个机会，这个社交利益链是共赢的，而这背后有一个很深刻的人性原理，营销学或行为学将其称为社交货币。

所谓**社交货币**，是指如果在传播过程中，你向接收者转发是能够带来潜在利益的，这个转发才能得到广泛的转播。举个例子，我们经常可以在社交媒体上收到这样一些帖子：如果你能转发并@十个好友，就可以得到礼物。这样的帖子可能很难传播起来，因为首先中奖的概率比较低；其次会减损我们的社交货币和我们在互联网上的信誉。这种营销之所以不成功，是因为它没有给我们的社交圈创造足够的价值。如果换一种方法，依旧是转发这个帖子并@十个好友，但十个好友中有30%的人可能会得到礼物，这种情况下转发数量可能会多很多。有一家公司按照这种方式操作，广告上线仅一个半小时，就有278 550人参与，意味着这家公司在一个半小时内就能获得278 550人的真实数据。

对人性的深入理解是成功营销的基石，而人性就是上帝写在人身上那些抛离不了的固有程序。法国人卖奢侈品，就是击中了人性中的荣耀与梦想；日本的 MUJI 击中的是人性当中简约的品质。一流的营销大师都能击中人性的关键点。

将以上三个案例拼接在一起可以发现：好营销需要有非常强的市场逻辑，也需要想象力和对人性的洞察，否则难以出奇制胜。

2.2 营销的底层思维

在企业中，将营销视为一项职能或是一种思维方式，会产生非常不同的结果。很多人将营销作为市场部或销售部的一项职能，但如果把营销放大成一种经营思维，就会要求组织中的每个人都要理解营销。按照对营销战略理解的不同，可以将 CEO 分为四种类型（见图 2-4）。

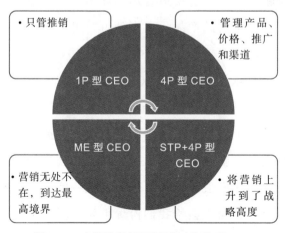

图 2-4　对营销理解不同的四种类型 CEO

第一种叫 1P 型 CEO，这类 CEO 只管推销。他们理解的营销就是广告投放或公关，很多总监级别的高管依然在研究推出什么文案可以获得更好的社会反响。菲利普·科特勒把这种营销称为 market，也就是营销部模式，这种模式在今天的中国还非常普遍。

第二种比第一种要全面一些，叫 4P 型 CEO，即管理产品、价格、推广和渠道。比如，早年惠普的市场总监开年的第一件事就是到市场上进行调查：使用者对惠普的产品有什么不满意之处；相比于竞争对手，目前产品的最大缺陷在哪里，最大的优势又在哪里……把这些问题全部清理出来，再反馈给产品研发部门。在这种情况下，营销就变成了市场经营中能穿透客户与公司的一条核心渠道。这类 CEO 以渠道为核心，并用另外 3 个 P 来配合渠道。比如早年间 TCL、康师傅和娃哈哈，都是通过渠道管理不断增长的，很多终端消费者只能买到娃哈哈的产品，买不到可口可乐的产品，这都是主打渠道的效果。

第三种叫作 STP+4P 型 CEO，STP 即市场细分（segmentation）、目标市场选择（targeting）、定位（positioning）。这时的营销就上升到了战略功能的高度。创造品牌，其实就是要细分出一个新战场，然后把新品类和公司的品牌进行有效捆绑。比如我们去超市买可乐，老板一般会给我们可口可乐或百事可乐，而不会给我们汾煌可乐。因为汾煌可乐没有形成可乐市场中的品类。

此外，STP 中还讲究市场细分。如果作为一家智能手机公司的高层，当国内市场增势趋于平缓的时候，就应当去发现新的市场。比如现在东南亚手机市场上，清一色都是 vivo、oppo 这样的中国品牌。这就是高层利用营销的方法，找到了一个细分市场，并通过细分市场的销售带动公司的增长。STP+4P 的营销是一种营销战略，它能帮助 CEO 审时度势，找到新的战场、新的打法。

第四种叫 ME（marketing everywhere）型 CEO，或者叫无处不在的营销，这是营销的最高境界。现代管理学之父德鲁克曾说过，企业只有两个核心职能——创新和营销。德鲁克甚至表示，只有这两项职能是真正创造价值的，其他诸如人力、财务、供应链等都是在为这两个环节服务的。德鲁克这里说的营销实际上是企业针对客户层面创造价值的一切战略、商业模式，只要是与市场、客户价值相关的，就应当属于营销范畴。营销扮演的是企业的经营中心。

如果从这个定义出发，就应该要求公司中涉及经营的员工都去学习营销、掌握营销思维。在实际工作中，上至 CEO、中至 CMO（首席营销官）、下至执行者，都需要经营。营销就是市场经营中涉及的一切，只是不同层面考虑的具体问题不一样。CEO 关注的是公司业务如何增长，除资本运作之外，如果公司业务要增长，第一个需要考虑的就是从市场、客户端来促进价值增长。CMO 的重要关注点并不是传播、策划活动，而是真正地研究客户价值，从需求出发带动业务增长,这就是可口可乐要设置CGO(首席增长官)的原因。至于执行层面,要考虑的事情就更多了,比如企业各个部门之间的沟通合作是否需要客户思维。营销本身是一种客户思维,只有用客户思维去理解上下游及不同部门背后的需求时,企业的部门墙才可以真正被推倒。

结合科特勒咨询集团的实践,营销在组织中的作用大致可以分为三种。

第一种是**职能和技巧型营销**,比如发掘产品的卖点、内容传播、增加流量等,都是职能和技巧型营销的内容。

第二种是**战略层面的营销**,比如企业做品牌传播,背后的支撑是品牌是否有清晰的价值主张、清晰的定位,甚至清晰的价值品类。所谓以用户为中心,就是要找到客户和企业间产生交集的触点,把它们一项项地梳理清楚,再选择比较好的触点进行投入,以增加公司的盈利或者价值。比如,客服、后台也是客户经营中的触点,营销战略应当考虑将它们贯穿。

第三种是**思维层面的营销**,只有上至CEO,下至每一位基层员工都具备营销思维,整个组织才会变成以消费者和市场为中心的组织。否则,再好的战略也不过是水中月、镜中花。

营销就像金字塔(见图2-5),从不同的层级会看到不一样的景观。最基层会看到一个平行四边形,他们专注于执行;

中层看到的是三角形,他们会多层面考量;高层看到的只有一个点,这是俯瞰全局。将营销看作一种经营思维,是营销的最高境界。

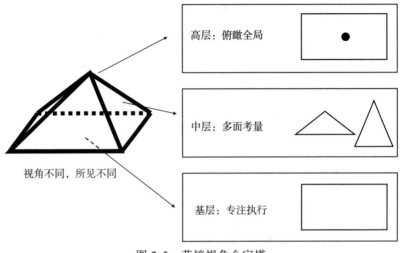

图 2-5 营销视角金字塔

What Is Marketing

第二部分

洞察营销机会

What Is
Marketing

第 3 章

建立你的"CIA 情报网"

营销信息收集和市场调研

财富像蘑菇,长在隐蔽处!

——犹太谚语

故事　商场里领带摆放的位置和商场平效

美国零售专家安德希尔（Underhill）曾经讲述过这样一个故事：布鲁明戴尔百货商场（Bloomingdale's）是美国著名的百货商店品牌，它成立于1861年，是美国梅西百货（Macy's）旗下的连锁商店。布鲁明戴尔百货商场的旗舰店位于曼哈顿列克星敦大道和第59街的交汇处——这里是游客的购物圣地。

布鲁明戴尔百货商场曾经计划推出一批高端领带，运营部门为了让这批领带能够迅速打开市场，把这批领带的货架摆在商场人流最密集的黄金地段的一个关键通道上。这个区域的平效是商场里最高的。推出一段时间之后，他们发现虽然这里人流量很大，顾客光顾的频率也非常高，但是领带的实际成交量并不高，平效甚至达不到商场的平均水平。

为了解决这个问题，他们在售卖领带的区域摆放了几台摄像机，镜头都对准了售卖领带的货架，想看问题出在哪里。在拿到录像反复回放并研究之后，运营人员发现，很多顾客会被漂亮的领带吸引而来到这个货架前挑选，但由于人流量太大,他们的后背难免会被来来往往的人碰撞到。起初顾客只会停顿片刻,回头看一下,然后继续挑选。但如果继续被碰到几次,很多顾客就会停止挑选并离开。这种现象不仅发生在挑选领带的男士中,很多为另一半挑选领带的女士更是如此:可能被触碰到一次就会离开。原本商场想通过将领带货架放在人气最旺的通道旁以增加销量,但由于通道上的人流拥挤,不但没有达到预期的效果,反而降低了销量。这背后的原因其实是一个很简单的心理学问题:人的后背是视觉盲区,所以是人体最容易产生不安全感的部位。当顾客在专心挑选领带的时候,往往会沉浸在购物的快感中,忽视周围环境。来往的人流经常碰到顾客后背这个敏感部位,这会引起顾客的不安。男士的安全感会比女士强,因此他们通常可以忍受更多次的碰撞。

发现了这个问题之后,布鲁明戴尔百货商场通过研究找到了应对之策:他们把摆放领带的货架向通道的一侧移进去20厘米,往来的人群就基本不会打扰到挑领带的顾客了。就是这简简单单的20厘米,解决了领带的销量问题:顾客在被领带吸引后,更愿意在货架旁驻留更久,直到挑选到心仪的货品付款离开。之后,领带的销量一路攀升,平效也提升到了商场的平均水平之上。

3.1 市场洞察的基本概念

洞察什么

洞察市场机会的关键就是企业基于对市场相关信息的收集与研究，发挥信息炼金术，从三个层面对外部机遇持续开展全面了解、深刻分析与战略选择。

（1）**宏观层面的环境趋势：** 对企业所处的国家与整体社会的规管政策、历史传统、审美情趣、重大事件与主流价值观的全面了解和把握，比如人口迁徙的流向，原来是从北到南、从西向东的，但现在随着中国经济发展的重心发生了一些变化，很多劳动力也开始在就近的驻地进行二次创业；对影响企业经营的国际重大经济政策，比如美联储的利率政策、WTO 的反倾销等的关注；重要原料依赖国际进口的企业必须进行日常的国际现货与期货价格监测。

（2）**中观层面的行业竞争：** 在市场营销的框架内，行业是指与企业提供相似产品的竞争对手的总称。企业需要根据行业关键成功因素，对所处行业的竞争对手进行有效的细分和归类，确定不同竞争对手的发展动向和竞争策略、主要领导者的决策风格、成本状况和企业财务状况。

（3）**微观层面的顾客需求：** 关注过去、现在与未来的顾客的需求特点和变化趋势，不同代际顾客对满足相同需求的产品差异化特点。不同区域与年龄特征群体的消费理念、个人与社会价值观和审美情趣，比如茶饮料市场中，小茗同学等新茶饮的崛起就是匹配了年轻一代群体的消费特点。微观层面的顾客信息分析，不刻意追求大主题，而要细致发现小众群体的兴起、价值观和生活形态，寻找从小众群体到大众群体转换的机遇。

企业需要在这三个层面设立"固定＋灵活"的信息收集主题、分析框架，固定一些需要日常收集与整理的主题，并根据阶段性的特点，临时增设一些分析主题，设立固定的岗位和部门来进行持续地收集、分析，并在积累足够长时间洞察的基础上"鉴古知今"。

如何洞察："科学与艺术"的结合

成功的市场调研本质是获得洞察的过程，我们需要基于科学理性的分析过程，也需要灵光一闪或者俗称"拍脑袋"的过程，这是一个"科学与艺术"相结合的过程。洞察过程既要有科学逻辑的分析，也要有艺术与灵感的发挥。因为首先数字是不会撒谎的，通过数据，企业会发现很多凭日常经验和直觉而产生的误区。现在，大数据技术能使企业在很短的时间内获取更多的数据，企业就能组合出一个更加全面、更加有洞察力的结果。在此情况下，一些经验就会被数据分析的结果所替代。

ZARA可以凭借终端门店的库存和陈列产品的浏览与成交数据来判断产品的销售趋势，并及时地指导后台的生产。认知心理学借助科学仪器，可以通过人类眼球的转动和大脑特定部位的活跃度来判断顾客对于产品和广告的接受程度。这也是数字对于经验的升级和替代过程。

但只有逻辑或者分析是不够的，就像人的大脑左右半球有不同的分工，左半球掌握的是人的理性、语言、逻辑、分析等功能，右半球掌控的是人的感性、艺术、想象、灵感等功能。市场研究人员要发挥"全脑思维"，在充分发挥数据分析和逻辑的作用时，也要重视艺术和灵感，因为它们能使我们有另一种层面的感受，从而真正地将逻辑亮点转化成能够接受的、具有美感的亮点。所以洞察一定要双管齐下，最终企业才能得到真正属于自己的独特的市场机会，而这些市场机会也可能塑造出企业走向未来的核心竞争力，或者成为企业不可或缺的战略发展路径。

科特勒非常强调洞察对商业创新的重要性。**洞察的内涵往往就是要注意那些容易被人忽略的常识**。比如，企业应该重视忠诚顾客，很多人把它假设为理所当然的事情，但其实很多顾客并不是这么认为的。所以，读者需要关注反常规的思路突破。比如，是不是两星级酒店的价格就无法兼有四星级酒店的服务品质呢？这并不一定矛盾。很多洞见往往来自与别人不同的思考方式，或是以和别人不同的方式进行顾客价值组合，将顾客关注的点和顾客不关注的点进行差异性组合形成不同的"价值组合"，这背后的创新思考范式就是"**价值曲线**"。

我们应该如何收集分析和洞察所需要的信息呢？这就是

要解决从哪些地方收集、用何种信息源的问题。比如,大家可能都比较熟悉二手资料的收集,或者整理和分析过的免费或付费信息。另外,我们需要去主动了解一些更具体、更有主题性的信息。现实中的市场调研会用到一些传统调研方式,如定性研究加一定样本数据收集的小数据分析方法。在数字化时代,越来越多的企业可以借助大数据与人工智能分析,更加高效与全面地开展市场调研。

3.2 如何进行市场调研

有效的市场调研需要首先确定问题和调研内容,并编制调研计划,再收集、分析信息,然后展示调研结果,最后制定营销策略(见图3-1)。

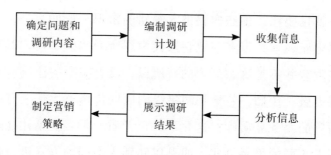

图 3-1 市场调研的流程

这里存在一种市场研究悖论。乔布斯曾说:"消费者并不知道自己需要什么,直到我们拿出自己的产品,他才发现'这是我要的东西'。"当智能手机出现以前,大家都认为手机应该有按键,但在触屏智能手机普及的今天,已经很少有人会用键盘手机了。福特汽车的创始人亨利·福特也说过:"如果我当年去问顾客他们想要什么,他们肯定会告诉我'一匹更快的马'。"顾客没有能力告诉企业他从来没有看过的东西。所以,如果企业只是执着于顾客告知的东西,可能会被顾客误导。

如果竞争对手能够洞察到更深远、更本质的需求,就可能要比你领先一步了。真正有效的市场调研应当要能领先于市场,企业要比顾客更了解顾客的需求。企业不应该寄希望于通过调研让顾客给出解决方案,而是通过调研发掘顾客需要完成的任务、需要解决的问题、希望获得的体验。

当然,具体来看,市场调研有一些推荐的方式可参考。

(1)**归纳式**:顾客本身能清晰和完整地描述问题和需求。调研人员需要完整、清晰、准确地记录顾客访谈的内容,并进行归纳、分类、整理。很多顾客是非常擅于表达自己熟悉和重视的产品和服务领域需求问题的。顾客会明确地告诉调研人员他意识到的问题和经历的痛点。

(2)**演绎式**:整理和挖掘顾客表述背后的真实需求。如果有些话,顾客没能很好地表达出来,就需要调研人员能听懂顾客的弦外之音并能创造性地去满足他们的需求。

(3)**数据挖掘式**:企业对自有数据和外部数据进行融合并使用算法来发掘顾客行为的相关性,从而指导营销决策。

可能读者会有一个疑问:现在是大数据时代,小数据典型个案的调研方法还有用武之地吗？其实，大数据和小数据都有各自的应用场景。究竟用哪一种取决于企业市场研究的目标、时间和预算。**如果企业要洞察顾客消费行为类的指标，那么大数据就能更加全面、直观和迅速地达成目标。如果企业是想洞察顾客行为背后的动机、态度和需求，从根源层面挖掘顾客需求原因的话，那么基于小样本的定性研究就更具价值了，因为小样本方法能解决因果关系**。如果只是通过行为之间的相关性进行分析的话，运用大数据回归分析就够了。

可能很多人并没有真正地参与过市场调研。其实最简单的方法就是直接和那些一线的员工进行沟通，认真倾听他们的想法和需求。

我们还可以使用焦点座谈会法。焦点座谈会是在主持人的全程主持下，通过汇集不超过 8 位的合格受访者，一起根据设定的话题进行深度的研讨。主持人会利用专业的心理投射和发问技巧，挖掘出受访者内心的真实想法。此外，还可以采用更为深入的研究方法，包括陪同观察、共同生活，真正以朋友的视角帮助他们思考问题。随着数据和技术的成熟，基于大数据或者人工智能技术的调研可以还原出中国市场的购买者或者潜在购买者对企业品牌的认知。利用爬虫技术，对网络中的各种文本信息进行抓取、整理、聚类和分析，可以得出一些分析结果……现在这类新鲜的技术会应用得越来越广泛，越来越深入，但是背后的分析逻辑是不会有什么变化的。

读者在把握研究方法时，不要盲目地跟随一些所谓的潮流，而要根据目标进行具体判断，还要基于表达出来的和隐含在背后的需求达到经验和逻辑分析的一种平衡。

市场研究本身就是一门博大精深的学问。读者应当多思考、多观察、多积累，一定会有一些心得。

3.3 建立营销信息收集的内容框架

企业进行营销信息的收集及调研，首先要建立**营销调研体系**，也称为**营销 CIA 体系**。

美国的中央情报局（CIA）是非常知名的世界顶级情报机构，位于弗吉尼亚州的兰利，与俄罗斯的联邦安全局、英国的军情六处以及以色列的摩萨德并称为世界四大情报组织。其主要任务就是收集和分析关于国外政府、公司、恐怖组织或个人在政治、文化、经济等方面的情报，并把这些情报与其他机构共享。中央情报局的负责人是由美国总统直接任命的，也通常被称为"总统的耳朵"。

以 2011 年画上句号的"追杀本·拉登"事件为例，来看看美国的中央情报局是如何工作的。自从"9·11"事件发生后，美国就在全球范围内开展反对恐怖主义的各种斗争。中央情报局同时也一直配合收集信息，在此期间通过大数据的方式推断本·拉登可能的藏身居所，持续了将近十年，最终将本·拉登击毙。在这个过程中，中央情报局发挥了很重要的作用，它和实际实施行动的海豹突击队进行了明确的分工和配合，对实施行动所需要的各种信息最大限度地进行收集、整理和分析，最终才能一招制敌，取得成功。

这其实很像企业市场端的市场部和销售部间的配合过程。市场部要为销售部提供市场和竞争对手的最新动向及顾客需求信息，制作向客户展示的宣传材料。最后销售部就会在实践中运用市场部提供的信息武器，在市场竞争中获得订单，就像是攻城略地般地完成一项任务。通过美国中央情报局"追杀本·拉登"的故事，我们就可以明白市场信息收集工作的流程，以及后续各部门的配合。

如果在市场的英文单词 market 后面再加上后缀 ing，就相当于把市场变成了一个持续变化的状态，为此就必须建立起企业自身的营销信息体系。不妨**把营销信息系统定义成对信息进行收集、分类、分析、评估和分发，并为市场决策者及时、精确地提供所需信息的过程**，这也是营销信息系统应该发挥的基础性作用。

建立营销信息系统需要系统的步骤，首要的是确立营销信息要解决的市场发展问题。营销信息不是我们在市面上能看到的中立性很强的信息综述性研究报告，因为那种报告要覆盖方方面面的阅读者。在市场工作中，不论是通过老客户渗透、新客户获取还是新产品的开发，一切调研工作都要最终指向某个具体的发展问题。企业内部所做的营销信息收集，有比较明确的目的。所以我们一开始就要确定我们的企业在哪个层面，要解决什么样的问题。当然视角不同，会有不同的关注点（见图 3-2）。

- 宏观层面：我们建议从社会的变迁、行业规管政策的制定、上游技术演进这三个方面来关注宏观环境政策。建立一种叫 PPT（people, policy & technology，即人、政策与技术）的信息整体框架。
- 中观层面：我们建议基于品类和需求市场的竞争来建立信息收集系统的趋势框架——一个如何确定竞争对手、分析他们的竞争策略和风格的框架。
- 微观层面：企业需要从不同代际、不同特征的顾客消费行为与生活态度层面来收集信息。

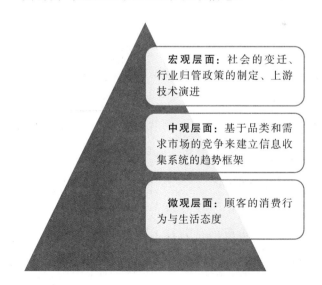

图 3-2　不同层面对信息的主要关注点

身处一个信息过载的时代，企业如果能从宏观、中观和微观三个层面做营销信息收集，就能够高效率地收集到对决策真正有帮助的信息，从而提高信息收集和分析的效率及目标性。

3.4　宏观环境洞察：PPT 框架

PPT（people，policy & technology）框架指的是对人、政策与技术的分析框架。宏观环境洞察可以从 PPT 框架入手。

人（people）。人是指作为完整意义上的自然人和社会人，而不只是作为潜在的和目标顾客的人。所以我们会更多地从群体而非个体的角度去研究它，也就是关注宏观层面的问题。此外，我们还可以从人的内心世界着手收集和分析信息。对于人的外部特征，我们可以做人口特征的变迁趋势分析，如年龄、性别、地域分布流向、教育水平、收入分布以及增长状况等。

政策（policy）。要注意的就是政府与行业主管部门对于企业所处行业的发展政策和一些限制性文件。

技术（technology）。要关注那些能够更好地满足或创造性地满足顾客需求的一些新技术趋势。在这个层面上，我们的市场研究人员更应该是新技术的尝鲜者，他们需要首先代替顾客进行尝试，并进行应用场景的想象和发挥。

3.5 中观行业竞争分析：三类竞争对手

在了解宏观层面后，我们还要从市场竞争对手方面入手，来进行第二层面的信息收集和研究。我们需要重点关注三类竞争对手。竞争对手既包括**基于产品视角的竞争对手**，也包括**基于顾客需求的竞争对手**。从这两个视角入手，企业才可以全面确定自己所需关注的竞争对手。

比如，从彩电这个产品类别入手，可以确定索尼、松下是我国国内彩电企业的**直接竞争对手**。因为索尼和松下凭借领先的技术，在中国市场获得了很大的份额。如果基于顾客的需求来看市场竞争，我们会发现同样满足顾客需求的替代产品。比如，网络视频平台就有可能成为彩电的直接竞争对手。因为电视内容通过网络视频平台也能看到，在时间有限的情况下，顾客在视频平台上多消耗一分钟，停留在电视上的时间就少了一分钟，所以基于智能手机、平板和电脑的视频平台是传统电视的**替代性竞争对手**。

还有一类竞争对手是**跨界性竞争对手**。比如，像小米、华为也开始进入电视领域，推出了各种互联网电视。它们以低于传统电视企业的价格进行市场销售，这背后的商业逻辑显示它们所竞争的价值和卖点是完全异于传统电视企业的。这些跨界性竞争对手的竞争力在于拥有"连接的能力"和"忠诚客户"（见表3-1）。

表 3-1　需要关注的三类竞争对手

竞争对手	分类	举例
基于产品视角	直接竞争对手	TCL VS 索尼
基于顾客需求视角	替代性竞争对手	传统电视 VS 网络视频平台
	跨界性竞争对手	传统电视 VS 互联网电视

竞争对手分析，更是竞争企业主要领导者的分析。我们甚至有必要分析对方主要领导者的个人性格、个人决策和行事风格。这就很像在每次打仗之前猜想对方主帅的心理行为特征一样，看看他到底是一介武夫，还是个像狐狸一样狡猾的对手，如第二次世界大战时，德军的著名战将隆美尔就有"北非之狐"的绰号。对竞争对手进行分析，有助于对未来竞争对手的动向进行预判。从这个层面上讲，商场如战场，我们完全可以把市场竞争想象成没有硝烟的战争。

3.6　微观层面的顾客洞察

微观层面对顾客的洞察重点在于对不同群体顾客内心世界的变迁发展，细致洞察不同年龄段群体的价值观、消费观以及文化与审美情趣的变化。我们可能需要更加了解个体价值观和审美的时代性差异。比如，大家都比较喜欢用"70后""80后""90后""00后"这些概念来进行时代分类，因为这背后往往会明确指向一个族群内部具有比较一致的观点和偏好。

微观层面的顾客洞察要特别关注不同世代族群的底层价值观以及最基本的人生观和价值自我表达的方式。比如，他们对成功、幸福、爱情、责任的不同定义。这些洞察就是企业建立品牌价值所必需的概念。

企业与顾客群体的顺畅沟通都建立在这些洞察的基础上，用顾客喜闻乐见的语言和方式与顾客进行交流。正所谓"你若端着，我必无感"。作为营销人员不只要看电视，还要看大量的视频节目，尤其是那些流行的热播电视剧和综艺节目。作为专业人员，要在看热闹的过程中洞察其背后透露的价值观热点，透视当下社会人的心态共鸣点。几年前，万科邀请马佳佳⊖作为"90后"典型代表给万科讲课，希望万科能够了解未来可能成为购房主力的"90后"是如何看待购房这件事情的。当然，万科同时深入研究了"70后""80后""90后"的差别，洞察他们内心的焦虑点、对婚恋的看法以及内在驱动力。

⊖ 马佳佳，泡否科技创始人兼CEO，2012年被《创业家》杂志评为8位90后先锋创业者之一。

What Is Marketing

第 4 章

破解顾客密码
洞察消费者市场的商机

> 满足客户需求已经远远不够了,你必须让他们高兴。
>
> ——菲利普·科特勒

故事 用"时间观"理解消费者的内心

不同世代的人对时间的观念是不同的,而对时间态度的差异会折射到购物决策和品牌感知上。

对过去、当下和未来,不同世代的人会有不同的看法。

"70后"消费者认为,过去是值得珍惜的,当下是值得奋斗的,未来是美好的。在这样的格局下,"70后"实际上是生活在未来的人,当下对"70后"来说是暂时的、工具性的,当下的一切痛苦和不如意,都是为了更好的未来。"70后"生活的意义在未来,他们是典型的未来价值观导向。"70后"的这种心态使他们更容易因宏大叙事的价值观引起共鸣,为一个美好未来的品牌形象所感召。比如耐克的"Just do it"背后的价值观是人人奋斗都能成功、人人可以改变自己、未来是靠你的双手创造的,也因此,耐克这样的宏大叙事性品牌吸引了一大批"70后"铁粉。

"85后"和"90后"的时间观与"70后"的就不太一样,他们认为,过去是值得珍惜和怀念的,当下是真实、温暖的,而未来是不确定的。这样的时间观反映到他们对品牌选择和对品牌价值观的回应上就是：他们不再喜欢那些遥远的英雄、宏大叙事的价值观，他们喜欢那些非常踏实、具象且在某些方面特别突出、有个性、令人佩服的品牌。比如，耐克在今天的"90后"人群当中的流行程度不如在"70后"的流行程度（当然，耐克在最近几年做了很多品牌变革，以贴近新世代消费者的品牌渴求），为什么？因为耐克那种宏大叙事中的英雄，对"90后"来说，虽然很完美，但是很遥远。

"90后"喜欢有一点点瑕疵但是有极致特点的品牌，他们喜欢范斯（Vans），喜欢匡威。这些品牌的鞋不是明星代言，而是网红代言，是他们身边信任的人（关键意见领袖，KOL）代言。可能因为住在隔壁寝室的校篮球队队员的推荐，他们就会选择某一个篮球鞋品牌。对"90后"来说，他们不再喜欢遥远的英雄，而喜欢身边的"大神"，喜欢那些有着强烈的个性且能够帮助他们发掘生活新意义的品牌，喜欢能够帮助他们培养兴趣的品牌。

不同世代的消费者看待时间的观念完全不一样，因此我们可以用时间观去解读消费者对品牌的购物动机和回应。

4.1 定义顾客需求

我们首先应该弄清楚顾客的需求、行为和心理的内涵到底是什么。

有个网络名词叫"剁手党"。其实"剁手"本身表现出来的是一个动作，代表的是那些保持大量、持续甚至不能自制的购买行为的人群。对企业来说，这是一种非常好的状态。但从心理学角度，"剁手党"从某种意义上指代的是一种强迫性购物。重度"剁手党"算是一种心理疾病：通过不能自制的购物行为来缓解压力。

狄德罗睡袍的故事可以形象地展示顾客的心理。狄德罗（Denis Diderot）是启蒙运动时期的一位法国哲学家，他在自己的公寓中经常穿睡袍，久而久之，睡袍就穿旧了。一次，朋友送给他一件非常漂亮的新睡袍，他穿上之后突然觉得室内家具也变得陈旧了，甚至觉得廉价的家具和豪华的新睡袍之间的风格都不相称了。他索性花了很多的钱进行室内装修，又购买了新家具。这个过程中，他又发现房子变小了，于是考虑是不是要换个大别墅……这一切都是从一件睡袍开始的，不断衍生出后续的意外消费。这就是一种典型的消费者心理。我们平时在网上购物时，可能都会有这种感觉：本来是没想买那么多，而一旦买了一件商品后，商家就会推出各种智能推荐、相关链接、打包促销。这些信息会使消费者陷入一种心理状态：既然买了，干脆把与之搭配的相关商品一网打尽吧！

行为和心理贯穿市场活动的所有细节。一个成功的企业家应当是一个市场专家、消费心理学专家，他应能洞察消费者的心思。**洞察消费者可以定义为：全方位地了解目标顾客的所思、所想、所为，使企业能以顾客喜欢的方式将产品和**

服务持续地销售给顾客。有的企业用建立顾客关系来代替销售，但我们仍然使用"销售"一词，是为了更加简洁明了。企业做市场最终还是要达成销售这一收益性目标。同时，销售行为容易观察，比如客户的购买价格、客单价、购买频率等，都是容易计量出来的。

企业研究顾客需求和客户心理是有明确价值的。就像男生在追求女生的时候，常常想知道她内心的想法一样。在市场中，企业追求的对象就是其潜在顾客。企业同样要了解他们的想法，打动他们的心，帮助他们树立购买标准，进而影响和引导顾客的行为，让他们成为品牌的忠实拥护者。

顾客可以被分成两大类：第一类是**个人顾客**，第二类是**机构顾客**。与这两类顾客打交道的企业通常被称为 B2C 企业和 B2B 企业。B2C 企业的顾客是个人，而 B2B 企业的顾客是企业或其他组织。个人顾客与机构顾客在购买动机、购买路径上有很大的差异。

- 个人顾客的购买决策受情感因素的影响较大，购买的随机性较大。品牌和便利性是个人顾客购买决策的主要驱动力。
- 机构顾客购买的多是生产资料，计划性很强，属于专家型购买。购买决策更多是由经济价值和投资回报率驱动的。

4.2　洞察顾客需求：动机

对于个人顾客，我们首先要了解顾客购物的动机。科特勒先生推荐了三种分析工具来做心理原因分析。

第一种工具叫**阶梯法**。西格蒙德·弗洛伊德（Sigmund Freud）是驰名世界的奥地利心理学家，也是精神分析学派的创始人。他认为，人们很多的行为都受到无意识因素的影响，这就意味着顾客的很多消费行为可能是下意识的。为了充分发掘和分析顾客需求，我们会使用阶梯法：**通过对产品的有形属性上溯到心理属性，最终分析其内心深层次的需求，来发掘顾客可能难以用语言来表述的需求。**

例如，在购买衣服时，有人偏好名牌，有人偏好色彩。对于不同的情况，企业应当做出不同的设计。当然，也有人更关注衣服是否合身，因为合身的衣服穿上去更具美感，而有美感的衣服会获得更多朋友的赞赏。通过不断的反问和层层分析，企业就能不断接近顾客需求的内心深处。

法国社会学家让·波德里亚（Jean Baudrillard）曾提出，人的灵魂并不是栖息于肉体之中的，而是在所穿的服装之下，即所穿衣服的品牌。很多人不惜钱帛去买名牌产品，这背后既有出于经济的考虑，也有内心深层次的需求，比如更好地犒劳自己，或是通过名牌服装显示自己能力的出众，或是标榜自己具有更卓越的审美观，等等。一旦企业发掘了顾客内心的隐秘想法，就有机会与顾客产生共鸣。当然，在营销文案宣传时应当注意拿捏尺度,要考虑受众的心理感受,不能太过尖刻。比如,有的文案写成"不要用年龄作为你贫穷的借口",虽然有一定道理,但太过直白,缺乏尊重,造成距离感,很多顾客可能会表示反感。

第二种工具是**马斯洛需求分析**。亚伯拉罕·马斯洛(Abraham H. Maslow)将人类的需求分为三个层面:生存性需求、归属性需求和成长性需求。类似于金字塔形分别对应五层,从下到上依次为:**生理需要、安全需要、社会需要、尊重需要以及自我实现需要**(见图 4-1)。

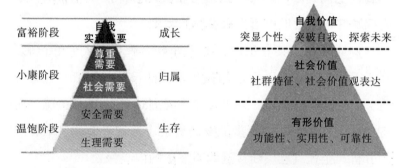

图 4-1 马斯洛需求理论的五个需求层次

通常而言,需求满足的次序应该是自下而上、逐层满足的。首先必须能存活下去,其次才考虑更高的需求。但这个理论也认为,为了一些更高层的使命,人们可以舍弃一些基层的需求,比如为某种信仰而献身,就是为了某个更大的主题而牺牲个人利益。

谷歌创始人拉里·佩奇(Larry Page)在一次接受采访

时被问道,谁是谷歌人才竞争的最大对手?拉里·佩奇的回答是"NASA"(美国航空航天局)。提问的人非常诧异,拉里·佩奇解释道,虽然我们能给予人们更多的工作机会,但大家还是愿意去NASA工作,因为NASA能给人一个自我实现的机会和平台,它走在了全人类的尖端探索未知外太空的领域,给人一种崇高感和使命感。企业应当树立自己的使命感和意义感。当年乔布斯劝说时任百事可乐CEO的约翰·斯卡利(John Sculley)加入苹果公司时,用的就是这个原理,他说道:"你是愿意继续卖糖水呢,还是愿意加入能改变世界的组织呢?"

综上,马斯洛需求理论认为人的需求包含以下三个维度。其一,有形价值:功能性、实用性、可靠性。其二,社会价值:社群特征和社会价值观的表达。其三,自我价值:突显个性、突破自我、探索未来的一种状态。这三者的有机组合服务于企业为顾客提供价值的核心理念。

小米宣称其手机制造采用了一种奥氏体304的钢材。如果小米不做宣传,人们对这种材料根本没有概念。这样的信息就给潜在顾客建立了一种认知:小米的产品建立在非常扎实的有形价值之上,是一款有品质感的产品。但小米并没有止步于此,它还推出了"振兴国货、为发烧而生"的理念,将自己打造成一个极客形象。一件好的产品能让使用者标榜自己的社群身份,如一个技术极客:"我会刷机,而你不会,虽然你花得起更多的钱。"价格低并不代表使用者身份低,而代表了一种不同的选择,这种选择又是以个人能力和技术积累为前提的。人们在使用小米手机及其周边产品时,可以感受到一种个性的突破,包括年轻的、追求极致的个性,以及品牌成长的参与感。

企业在使用马斯洛需求理论时一定要注意对其进行整合,为顾客提供一种全面的价值组合,而不是仅仅提出一些口号。

第三种工具叫**双因素理论**,它是由赫茨伯格(Frederick Herzberg)提出来的。赫茨伯格认为,影响人满意程度的因素分为两大类:**保健因素**和**激励因素**。

保健因素是入场的资格证,属于"必要条件"。保健因素如果做不到,马上就会出局,但即使做好了,也是理所应当的。比如,航空公司的安全属性就是保健因素。如果飞机不安全,布置得再豪华、餐食再好,也不会有人愿意坐,因为这是航空公司的必备因素。

航空公司即便在安全工作方面做得再好,也不一定能脱颖而出,还应当突出个性化的机舱服务、精美的餐食、更好的机舱电影等来吸引顾客。这个层面就是激励因素,也是所谓的核心竞争力因素,属于"充分条件"。比如,iPhone应当首先具备通话功能、短信功能、上网功能等一系列基本智能手机功能,这是消费者认为智能手机应该做到的,这些功能是800元的手机就能实现的。但消费者愿意支付8000元,是因为iPhone提供了体验极佳的操作系统、丰富的App内容、强大的硬件配置,等等。这些是iPhone产品差异化的因素,就是激励因素。

4.3 洞察顾客需求：感知和记忆

感知

人是一种主观动物。在营销中，我们认为感知是反映事实的透镜。因为没有绝对客观的事实，只有人认识到的事实。这不是唯心主义，顾客认知的场景往往要比存在哲学层面探讨的更加复杂些。所谓**感知，就是一个人选择、解释收集到的信息，并对外部世界形成有意义的主观描绘的过程**。

我们眼中的世界是我们自己组织和定义的世界；我们接触到的信息也是经我们解码从而愿意接收到的信息。我们有时候会误解他人，其实是在解码过程中没有将对方的真实用意解答出来的缘故。当然，也有可能是由于信息传达者没有清楚、准确地表达出意思。所以在传播理论中，有一个编码、传递的过程，也有一个理解、解码的过程，它们是同等重要的。

有三种理论可以解释感知现象。

选择性注意理论

中国一线城市的消费者平均每天会接触到约 3000 条信息，其中很多是来自商家发布的广告。你绝对不会因为缺乏信息而感觉恐慌，而通常会因为信息太多而产生选择困难。当你有了孩子后，会感觉满大街都是小孩；当你想买手机时，会感觉满大街都是手机广告，这就是因为你会根据你的需要去注意那些与你相关的内容。这也是人的一种自我屏蔽和保护功能。

选择性扭曲理论

选择性扭曲简单说就是先入为主。例如,在解读信息时,之前积累的固有印象会在很大程度上影响人们对所接受的新信息得出的结论。比如,提到小米手机,顾客会想到性价比高、跑分无敌;提到德国产品,顾客会认为质量很好。尽管一些德国产品也会有质量瑕疵,但不会影响顾客对德国产品的整体评价,顾客甚至可能会认为这个结果是正常的,因为任何产品都不可能十全十美。但一提到一些中国产品的质量问题,有的顾客就会认为这是一个系统的问题,而不仅仅是个体的问题。这就是一种先入为主的偏见。

选择性保留理论

选择性保留就是一好百好。消费者可能无法记住接触的品牌信息,但会记住那些与他们的态度和信仰相符的信息。消费者倾向于记住他们喜欢的产品的优点而忽略其缺点,进行强化记忆。比如,在三星手机发生电池爆炸后,很多消费者认为这是产品问题;而 iPhone 发生电池问题后,很多消费者认为只是供应商的问题。

企业在做品牌时,可以通过这三种理论来理解顾客心理,学会借力。

记忆

记忆可以分为**短期记忆**和**长期记忆**。短期记忆是有限且短暂的，而长期记忆原则上是永久的，容量是无穷的。按照认知心理学，人的认知就像一张地图，一些关键词会形成一个个节点，每个节点就是一个信息点，而一个个信息点之间又是相连的。这就是在认知过程中大脑会形成的知识结构。

品牌认知就是为消费者建立一个关于品牌的认知地图，其中的每个节点就是企业品牌的核心价值或是企业期望顾客记住的信息点。将这些信息点汇聚成面，就会形成品牌资产，这就是品牌知识。这是企业进行后续更复杂的市场活动所需的心理基础。

4.4 洞察顾客需求：行为

接着来我们讨论基于心理因素而表现出的行为。因为行为直观，我们可以通过五步法来对其进行分析，也就是**消费购买行为的五阶段模型**。

- 第一步是问题辨识，就是顾客意识到需要解决的问题，因而产生购买需求的心理。
- 第二步是信息搜索，就是围绕这个问题，收集相关信息，如基于网络的搜索或在社群中提问。
- 第三步是方案评估，就是基于收集的信息形成自己的判断。当然，在社交媒体非常发达的今天，消费者更愿意相信专家朋友给出的直接建议，这样消费者就不需要苦思冥想了，可以更有效率地进入到第四步。

- 第四步是做出购买决策，即决定买还是不买、什么时间买等。

- 第五步是购后行为。在数字时代，购后行为非常重要，因为消费者会将购物的过程和使用体验，通过社交媒体进行传播，购买行为本身也会成为消费者的一种社交行为，比如通过晒朋友圈而产生更多的交互。

数字时代的先进技术使得以上很多步骤都可以合并了。比如，有先购买再评估和分享的模式，也有先分享再购买的模式。消费者的某些行为可能会在时点上发生重叠，比如几秒钟的时间，就完成了从浏览、决策到购买的系列行为，看起来似乎只有一个动作而已。它们并不矛盾，因为消费者行为表现出的具体模式主要取决于该产品的决策量级，通常分为以下两种。

轻量级决策产品

比如买一瓶可乐，消费者一般不会进行详细的信息收集。因为一瓶可乐的价值太小，即便购物失败，所造成的经济后果也是很轻微的，这就是一个轻量级决策产品，说白了就是不重要的东西，就不需要采用五步法了。

重量级决策产品

如果消费者将要购买的产品非常重要,而且消费者缺乏对该产品的知识和经验,如消费金额巨大或是影响到个人形象和经济状况的产品(如汽车、房子、保险、学历教育等),就很有必要进行这五个步骤的活动了。

中国汽车市场中的消费者平均会花 7 个月的时间完成整个购买环节。所以,购车的消费者会非常用心地了解车型、售后,通过垂直网站查询、朋友圈咨询、到场试驾等多种方式做出最终决策。

What Is Marketing

第三部分

探索顾客价值

What Is Marketing

第 5 章

认知的解构与重构
市场细分和目标市场选择

如果你以大多数顾客需求和平均水平为决策基础和目标,你将会失败。

——菲利普·科特勒

故事　戴在手腕上的时装和非洲手机新秀

手表是个十分成熟的品类。新进入者要想在手表市场打开一条生路，就必须发掘全新的细分市场。企业通常按照使用场景（潜水表、运动表）、价格（高、中、低）、顾客性别（男表、女表）、功能（电子表、机械表、潜水表）等维度来细分市场。

斯沃琪（Swatch）名字中的"S"既代表产地瑞士（Switzerland），也有"second watch"即第二块表之意。斯沃琪创始人尼古拉斯·海耶克（Nicolas Hayek）发现，手表除了以上维度的划分，还可以作为服装配饰，而之前没有公司做过服装配饰表。海耶克进一步思考：为什么美丽的女士一周换七套衣服，但手表只戴一块？所以他要推出服装配饰手表来搭配不同的服装。

人们可以像拥有时装一样，同时拥有多块手表。这个认知让手表的市场竞争范围、认知范围、使用场景，跳跃到一个新的领域。服装搭配这个理念会促使客户购买更多的表，且表本身注重设计、流行和风尚，计时反倒不是最主要的功能了。斯沃琪的设计要能和服装的场景、颜色、薄厚进行搭配，反映个人风格。手表从计时工具变成了凸显个人风格与时尚的产品。斯沃琪不仅是一种新型的优质手表，而且将带给人们一种全新的观念：手表不再只是一种昂贵的奢侈品和功能性的计时工具，而是一种"戴在手腕上的时装和纪念"。

同样针对细分市场进行产品创新的还有传音手机。作为深圳的一家手机制造厂商，传音致力于为新兴市场的消费者提供他们喜爱的智能终端产品和移动互联网服务。其手机品牌占据非洲近40%的市场份额，是当地通信行业知名的中国科技公司。

传音手机之所以能在非洲市场占据这么大的市场份额，是因为它针对非洲这一市场创新性地改进了功能，抓住非洲用户的拍照痛点，研发了专属当地人的拍照模式。

大多数人喜欢手机的自拍功能，但肤色较深的人种在弱光环境下难以获得清晰的人像照。传音针对目标市场的这一特点，进行了手机摄像头的创新。公司技术小组采集了大量的非洲人像照片，对其脸部轮廓、曝光补偿和成像效果等进行了分析，借助眼睛与牙齿对面部进行精准定位，在此基础上增加曝光强度，改善了黑人拍照的问题，以此拍出非洲黑人脸部的更多细节，达到让消费者满意的效果。传音的技术让手机摄像头可以自动追踪和加亮用户自拍时的脸部表情，自动美颜，让拍出来的非洲人脸照有更丰富的层次感。传音通过精确的市场细分和本土化思路，研发出更适合当地用户的拍照和美颜模式，发掘了过去未被满足的市场。

5.1 战略营销的核心——STP

战略营销领域有三个核心内容，我们简称为 **STP**，分别是**市场细分（segmentation）**、**目标市场选择（targeting）**和**定位（positioning）**（见图 5-1），本章主要介绍市场细分和目标市场选择这两个部分。

图 5-1　战略营销领域的三个核心内容

市场细分的定义

市场细分的概念是由温德尔·史密斯（Wendell R.Smith）于 20 世纪 50 年代中期提出的。市场细分指的是：**营销者通过市场调研，根据消费者特征、需求、欲望、行为、习惯和场景等方面的差异，把整体市场划分为若干个同质化子市场的分类过程。**

青年历史学家尤瓦尔·赫拉利（Yuval Noah Harari）博士在其畅销科普书《人类简史》中提出了一个有趣的观点：远古时期有很多人种存在，但我们这一支现代人种（简称现代人）之所以能在残酷的竞争中存续下来，主要是因为现代人能够"八卦"。这里的八卦指的是信息的交流，如打完猎回来后相互交流一些有趣的信息。

"八卦"本身就是一种认知冲突和重构。族群内部虚拟信息的交换，使得现代人可以交流一些形而上的抽象概念。比如，外部的宏观目标能潜移默化地起到激励作用，包括一些鼓舞人心的设想或愿景。通过不断的信息交流自然形成的人际交往法则，最后往往会演化成一种组织的价值观和文化。"八卦"出来的具备差异性的物品或商品，最后就演化为今天我们所说的"品牌"。"八卦"出来的在未来可以获得重大溢价的市场，就变成了今天我们所说的"资本市场"。正是由于"八卦"产生了认知的重构和新的生产关系，才产生了新的生产力。所以，赫拉利认为，认知重构是人类演化以及生产力进步的关键驱动力之一。

毋庸置疑，成功战略营销的关键也在于认知重构。如前所述，战略营销的三大核心分别为：市场细分、目标市场选择和定位。通俗地讲，市场细分就是以一种独特的视角审视原有市场中的机会，并把它们进行有效的再分类，最后切割出一个对于企业来说有竞争优势的市场，并将其选择为目标市场。选择对自己最有利的市场就是目标市场选择。目标市场定位就是面向目标市场赋予产品和服务独特的价值主张。这个价值主张能体现出与竞争产品的差异性，从而占领客户的心智认知。

美国著名营销专家、雅虎前副总裁赛斯·高汀（Seth Godin）在其畅销著作《紫牛》中写道：当你已经看厌了青青草原上一群群黑白色奶牛的时候，突然出现了一头紫色奶牛，这时你就会眼前一亮，感觉会完全不一样。通过目标市场定位获得差异化，就像紫牛一样，能让企业的产品差异化瞬间显现出来。所以，战略营销就是关乎企业用什么样的视角看待市场，选择什么样的目标市场，赋予产品和服务什么样的独特价值，我们简称为市场认知的设计和重构。

5.2 如何用市场细分获得业绩增长

市场细分对企业营销的作用巨大，我们通过三个案例来详细说明。

⊙ 案例　卢浮宫旅游的增长难题

2005年，法国卢浮宫宣布当年到访的参观者已达730万人次，而2004年是670万人次，游客的增速已经渐趋平缓。所以巴黎市政府聘请了很多咨询机构，研究能显著提升卢浮宫访客量的办法。

当时，不同的咨询机构提出了不同的对策。有的机构建议加大对新兴旅游市场的资源投入，比如在亚洲地区，特别是在以中国为中心的东亚地区加大宣传力度，争取每个到法国观光的旅客都到访卢浮宫一到两次。也有机构建议把目标市场放在法属殖民地，比如北非地区，鼓励他们了解法国文化。还有机构建议对卢浮宫场景进行升级改造，把原来的参观型场景打造成生活型零售场景，让更多人在里面消费、喝咖啡、聊天，这是一种新零售的想法。此外，还有机构建议让卢浮宫品牌年轻化，让更多新一代的年轻人反复进入卢浮宫学习，于是提出让法国的当红明星做代言，以吸引新一代的年轻人。

以上几种方法背后的逻辑都是相似的，都是在对人群做增量，即吸引一些新的游客前来参观。而正当巴黎市政府准备执行这些建议的时候，他们收到了另一家咨询机构的建议。他们认为做品牌年轻化、新增市场流量的方法固然好，但也要花很多钱。就眼下来讲，其实还有另外一种能够迅速增加卢浮宫参观人数的方法，就是换一个视角，从存量入手来做文章。他们建议统计那些经常去卢浮宫的人的兴趣爱好、生活方式、访问行为等，然后做一个深层的细分。比如，有的人对武器感兴趣，就可以专门针对这群人组建一条中古世纪的武器之旅路线。有人对圣经文化感兴趣，就可以专门设计一条卢浮宫中的圣经文化路线，还可以配上讲解。

最后，巴黎市政府采用的是存量的重构市场方式，第二年的参观者就增加了25%。其实仔细想想就会发现，这个策略方法背后的思维逻辑就是市场细分，也就是把原有的市场进行重组和分割来实现市场增长。

⊙ 案例　万豪酒店集团的行业领袖之路

酒店行业是使用市场细分获得增长的典型。万豪酒店集团（Marriott）是一家国际连锁酒店集团。1985年，该集团管理了160多家酒店，有近67万间客房。万豪作为母品牌为客户提供了卓越的酒店服务，培养了大量的酒店行业员工，在美国算得上酒店行业的"西点军校"了。

后来随着业务发展，万豪管理者渐渐发现客户在需求、支付意愿，包括环境享受的偏好上都存在越来越大的差异，如果仅提供一种流程化、标准化的统一产品，就会丢失很多市场机会。基于不同的出行目的，客户对酒店的要求是有差异的。比如商务出行、个人短期出行、家庭旅游出行的需求就很不一样。有些客户在酒店只待一个晚上，也有些商务人士，如咨询顾问，可能会在酒店待上几个星期，跨国公司高管甚至会住一年以上。

认识到这些客户需求的差异后，万豪做了一次全面的战略性市场细分，并开始收购新的品牌以服务不同的细分市场。比如，万怡酒店（Courtyard by Marriot Hotels）针对的是那些商旅客，他们总是希望价格适中并配备一些便利型的设施（如健身房、餐厅等）。万豪行政公寓（Marriot Executive Apartment）专门针对工作调动出差和需要长期居住的商旅客。万丽酒店及度假村（Renaissance Hotel&Resorts）则服务那些偏好高端设施的国际客户。丽思卡尔顿酒店（Ritz-Calton）服务的是对地段和奢华度有要求的高端商务顾客。

通过这样的一种细分，万豪就把原有的客户群进行了重新划分和切割，针对每一群人的特异性需求提供不同价值的产品。通过这种市场细分战略，万豪集团的整体业务从1985年开始显著增长。到2019年，万豪旗下的万怡酒店所经营的客房数，比1985年整个万豪集团所经营的还要多，增长了8倍左右。

这个案例说明：市场细分能够帮助企业从无差异的市场中做出差异化产品，能够帮助企业集中优势地向目标市场配置资源。市场细分可以指导企业的产品设计、宣传、整个营销策略和定位。市场细分是企业进行营销创新、获得增长动力的基石。

⊙ 案例　哔哩哔哩挑战视频三巨头

据统计，截至2016年5月，爱奇艺的累计观看时长已达20.7亿小时，优酷土豆是13.2亿小时，暴风影音是7.6亿小时。当时，这是在线视频领域的前三名。这个市场格局是非常稳定的，而且爱奇艺的领先优势还在不断地扩大，其观看时长已经接近排名第二和第三的总和了。

营销领域有一个"三法则"定律：在法规允许的情况和没有独占权（如专利、许可、商标权）壁垒的情况下，行业最终会形成三足鼎立的格局。一旦三足鼎立的局面形成，后来的竞争者就很难有生存机会了。但事实上，有一家视频类公司最终还是成功地在三个巨头前站稳了脚跟，这家公司就是哔哩哔哩（也称为B站）。

哔哩哔哩的发展得益于其成功的市场细分和对目标市场的聚焦服务。视频三巨头的客户群高度相似，这导致产品也是类似的，它们覆盖的是一个大众市场。而哔哩哔哩锁定的核心人群是年轻人中喜欢二次元的那部分人。

哔哩哔哩于2009年6月26日成立，其特色之一就是蜷伏于视频上方的实时评论功能（称为弹幕）。这种独特的体验非常能够满足新一代人互动分享符合二次创造的潮流文化，同时它也是很多网络热门词语的发源地之一。哔哩哔哩实际上构建起了一个潮流文化社区，而不仅仅是一个视频平台。因此，哔哩哔哩能够最终脱颖而出，打破前面谈到的"三法则"定律，很重要的一个原因就是独特的市场细分。

哔哩哔哩通过从大众视频消费者中抽离出一个特定人群，或者叫新切割出一个人群——二次元人群，并根据这个人群的爱好、生活方式、心理及行为特征、年龄特征等构建出一个泛文化社区，提供具有针对性的视频内容。2019年第一季度，哔哩哔哩的月活用户接近1.2亿，每天视频播放量超过5.1亿次，弹幕总量超过14亿条，原创的投稿数量超过1000万种，而用户的平均年龄是17岁，75%的用户年龄在24岁以下。

市场细分的本质就是帮助企业重构原有市场，或者找到

新市场和增长的发力点。如果不进行市场细分,可能就无法聚焦到精准的客户,那么每个企业提供的产品和服务就与竞争对手没有区别,后来者根本就没有机会立足。所以,**好的企业并不在于自身无限强大,而在于会选择对自己有利的市场,市场细分就是选择战场的手段和工具。**

通过以上三个案例,读者可以看到市场细分的重要性和作用。市场细分是营销中的基石。虽然"定位"的概念深入人心,但回到整体的营销逻辑上来讲,企业必须先有市场细分,再有目标市场选择,最后才是有效的目标市场定位。如果没有市场细分,目标市场定位就不可能精准,也就没有实施的机会,最终只得到一句自娱自乐的广告语。

5.3 市场细分的方法

首先,市场细分需要确定细分的维度,即按照什么标准去分割市场。

细分维度通常有两种划分方法:**基于人群的细分维度**和**基于场景的细分维度**(见图5-2)。

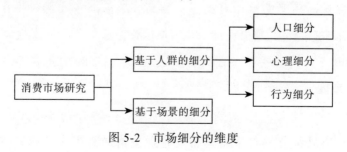

图 5-2 市场细分的维度

基于人群的细分

基于人群的细分主要是以人的特征为细分维度,比如人的性别、受教育程度、职业、职务、年龄、家庭结构、收入、居住地、婚姻、生活方式、价值观、时间观、购买频度等。

我们在此介绍三类常用的基于人群的细分方法:人口细分、心理细分和行为细分(见图5-3)。

人口细分	心理细分	行为细分
按照人口统计变量进行消费者细分:	按照消费者的生活方式、个性等变量进行消费者细分:	按照消费者购买或使用产品的行为、态度进行细分:
年龄、性别、收入、职业、家庭规模等	外向、内向、情绪、理智	购买频率、购买规模、购买熟悉度

图 5-3 人口细分、心理细分和行为细分

人口细分

人口细分变量丰富,数据容易获取。细分市场特征识别分类是目前企业采用最多的方式,是"消费者画像"的核心内容。

⊙ **案例 故宫文创的消费者画像**

故宫文创产品的消费者以一、二线城市的年轻女性为主,所以故宫文创采用年龄、性别、消费水平、兴趣爱好等

人口统计学指标做出了消费者画像（见图 5-4）：一、二线城市，有一定消费能力，对文化消费潮流非常关注的 90 后女性。

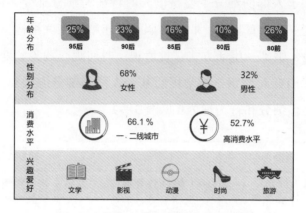

图 5-4　故宫文创产品的消费者画像

心理细分

消费者的心理和价值观是影响购物决策的重要因素。心理细分的指标比人口统计学指标能更好地揭示顾客的购买动机和购买标准，从而对品牌定位、营销策略更具有指导性。但是，顾客的心理活动很难通过简单的手段获得，因此，企业需要做深度的顾客研究才能总结出心理细分。

美国斯坦福国际研究所基于大样本的研究，总结归纳出了一个通用的心理细分模型，可以提供很好的借鉴。这个心理细分模型称为 **VALS™ 模型**（价值观和生活方式模型，values and lifestyle survey）。

VALS™ 模型按照"心理动机"和"资源水平"对消费

者进行分类。其中，消费者的心理动机分为三种：追求理想、追求成就、渴望表达自我。消费者的资源水平分为两种：高资源和低资源。请读者注意：这里的资源高低将会影响消费者对自己动机的表达程度。将两个维度指标进行组合之后，消费者就被分成了八类细分市场（见图5-5）。

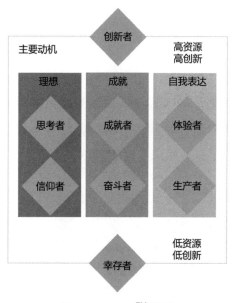

图5-5 VALS™ 框架

⊙ 案例：不同自媒体受众的心理细分

工具：心理统计细分模型 VALS™

自媒体从业者很好地使用了"人设"的方法来打造个人IP，吸引粉丝。许多KOL都有鲜明的价值观，使得他们能聚合拥有类似价值观和心理特征的读者。我们总结如下，以启发读者理解心理细分的奥义。

- 叶檀受众：理性乐观派，适合金融投资品。
- 罗振宇受众：奋斗者，适合知识付费品。
- 吴晓波受众：成就者，适合商学院产品。
- 姬十三受众：思考者，适合百科产品。

行为细分

经常购买产品的顾客和偶尔购买产品的顾客，他们的需求及购物标准肯定是不同的。因此，消费者的行为是重要的市场细分指标。行为指标主要有以下三类：

- 购买频率：多长时间购买一次。
- 购买规模：客单价。
- 购买熟悉度：最近一次购买时间。

上述三个指标组合之后就可以做出一个行为细分的三维模型（见图 5-6），对顾客进行市场分解：

根据行为细分的三维模型，有以下四种典型的行为细分类型：

- 购买频率高、购买规模大、购买熟悉度高——关系紧密的、狂热的、经济实力强的粉丝。
- 购买频率高、购买规模大、购买熟悉度低——已经流失，需要被召回的优质客户。
- 购买频率高、购买规模小、购买熟悉度高——高传播的粉丝,对销售增长贡献不大。
- 购买频率低、购买规模大、购买熟悉度高——可挖掘衍生需求的准优质客户。

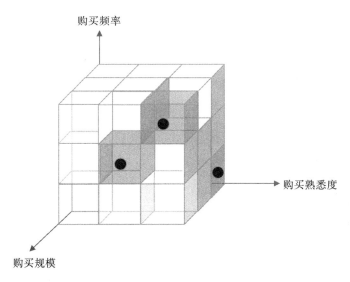

图 5-6　三维深度顾客细分工具

基于场景的细分

使用场景的不同会影响消费者的产品决策和价值诉求。同样,消费者购买产品要解决的问题或要完成的任务不同,也会有不同的产品诉求。因此,在一些情况下,企业以"使用场景细分"和"要完成的任务"作为细分维度,可以深刻地发现之前被忽视的顾客需求和空白市场，更容易产生创新思路（见图5-7）。

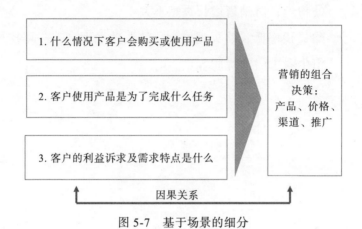

图 5-7　基于场景的细分

⊙ 案例　娃哈哈"营养快线"：可以喝的早餐

消费者的痛点：吃早餐需要同时使用两只手，在着急上班的路上非常麻烦；双手容易被食物粘到；传统早餐的营养未必全面。

消费者需求的解读：如何更加便利地解决早餐问题？早餐一定是"吃"的吗？早餐能否像饮料一样用一只手拿着"喝"？

基于场景思维，娃哈哈制定了如下产品方案。

- 目标客群：早晨时间紧迫的上班族。
- 使用场景：在路上吃的早餐。
- 使用方式：喝，而非吃。

- 产品类型：水果牛奶饮料。
- 产品的核心价值：

（1）解渴：不同于酸奶的黏稠，容易进口和下咽。

（2）解决早餐的分量和营养：牛奶+果汁。

（3）解放一只手：瓶装饮料解放了一只手，上班路上就可以轻松解决早餐的问题，还不会粘手。

⊙ 案例　电脑维修工程师精明的生意经

2019年，本书合著者王赛博士在哈佛商学院进修期间，电脑因几种杀毒软件都没有抵挡住海外病毒的攻击，所以瘫痪了。但工作又离不开电脑，而且因为电脑装的是中文系统，只能找一位懂中文的维修工程师。王赛通过谷歌在线搜索寻找中国人维修电脑的地方，发现只能找到一名维修工程师。

王赛找到他后，得知他的服务费竟然高达180美元。由于在当时没有其他选择，王赛只得照单全付。10分钟修好电脑之后，这名维修工程师道出了他的生意经：他其实通过"需求场景"细分找到了顾客市场。他的工作室位于哈佛商学院3公里范围内，目标顾客就是那些来哈佛大学和麻省理工学院进修的中国人，尤其是企业老板和公司高管。绝大部分华人商务人士来美进修都会自带电脑，而国内的免费杀毒软件往往水土不服，这些华人商务人士偏好中文版的系统，很多配套软件都需要进行汉化。企业高管一般对价格不敏感，他一天至少能做 5 笔业务，由于细分非常精准，工作简单，又是高溢价，他一天至少有 900 美元的收入。所以，对来波士顿参加短训的中国高管"着急使用电脑"的需求场景细分，能够让这名维修工程师更有效地利用资源并获得高溢价。

以营销战略目标为导向，使用多种细分手段

企业在市场细分的实践中，对细分标准往往有多重选择。

⊙ **案例　麦当劳细分标准的选择**

麦当劳的细分就是从区域划分开始的。麦当劳的全球总部将服务市场划分为中国市场、日本市场、美国市场……而美国市场还可以分为东部市场和西部市场。细心的顾客会发现，美国麦当劳和中国麦当劳的口味是有差异的。中东麦当劳的口味最讨喜，俄罗斯麦当劳最贵，中国麦当劳本地化程度最高。

麦当劳针对每个区域的细分策略都是不一样的。在各个区域市场中，麦当劳针对人口统计要素进行细分，如针对顾客年龄、性别、职业进行市场细分，把服务分为儿童型、成人型、商务型。欧洲有不少国家的麦当劳是以服务商务人士为主的，根本看不到麦当劳叔叔这种儿童形象，这些国家的麦当劳追求的是快、简单、方便、干净。

麦当劳在区域以下的市场，有按生活方式不同进行的细分，比如，在美国的加油站中，有 59 秒取餐的麦当劳；在社区中有休闲式麦当劳,常被作为会客的场所。还有按照心理习惯、行为特征进行的细分,比如,有的人吃麦当劳是为了充饥,有的人吃麦当劳是因为美味。除此之外,还可以有更多的细分维度。

在多个可能的细分维度中,企业需要判断使用哪些细分维度能帮助企业更好地洞察消费者,从而使企业的营销计划制定得更有针对性和竞争力。判断的重要标准就是:**细分市场的选择必须可以促进企业业绩的增长。**

我们以携程为例,携程可以按照区域来进行市场细分,把用户分为北京携程用户、上海携程用户、成都携程用户……但这种细分对携程来说价值有限,因为它带来的顾客洞察很少,而且竞争对手也是这样划分的,势必导致营销战略的同质化。

携程应该基于需求来进行市场细分,其本质是为了促进业务的增长。比如,携程可以先按照区域发展水平来进行划分,分为"北上广深"一线市场、二线市场、三线市场等,再基于携程的整体数据库,为不同的市场层级制定相应的市场战略。如果发现三线市场中还存在大量的客户需求未被满足,那么携程的市场战略方向就非常明晰了——只需要聚焦于这类客户,最终通过占领这类市场来实现业务增长。

携程还可以按照用户行为来进行划分。比如,有的客户只在携程购买机票;有的客户除了购买机票,还会购买其他旅游产品；有的客户会购买机票、订酒店、订接送车……携程可以把这些不同的客户先区分出来，找到他们共同的特质。基于客户画像来贴标签，精准定位到特定客户群后，针对不同标签的客户市场，制定不同的推广策略，从以前的散弹枪变成了精瞄的狙击枪。

此外，携程还可以按照客户价值进行细分。它可以通过后台来识别用户对携程软件的使用程度、消费金额，从而找到重要客户，然后让后台和客服与这些客户直接联系，形成商旅出行的整体管家一条龙服务，从而获得巨大的溢价，并提升顾客钱包份额。所以，企业要牢牢抓住"获取业务的迅速增长"这一思维底牌，不断地进行市场细分创新。

5.4 目标市场选择

目标市场选择的方法

目标市场选择就是企业在各个细分市场中选择要重点服务的市场的过程。目标市场选择的核心标准有以下两个。

（1）细分市场与企业的匹配度：细分市场与企业在目标、战略、能力以及整个社会环境的匹配情况。

（2）细分市场的吸引力：细分市场的总体规模、成长性、利润率、竞争程度、进入门槛、管控趋势等情况。

企业可以根据自身的战略目标从以上两大类标准中提取细化指标，形成自己的"**选择指标组合**"，再根据需要赋予各个指标不同的权重。比如，如果企业认为获利性很重要，就给"利润率"指标40%的权重，如果企业认为对该市场的熟悉程度也很重要，可以给相应指标10%或者20%的权重，以此类推。通常由公司高管、市场专家、行业专家打分，再结合市场数据分析，最后汇总各个细分市场所有指标的加权得分，得分最高的可能就是企业最应该选择的目标市场。以上工作可以总结为"**静态市场选择模型**"。图5-8所示的模型，假设所有指标的权重是一样的，分值和分值的决策意义是根据经验确定的。之所以叫"静态"，是因为这个模型适合企业初始阶段的目标市场选择，比如说推出新产品和进入新市场。

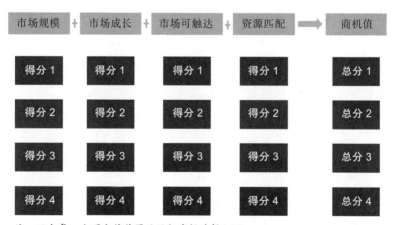

图 5-8　静态市场选择模型

企业经营是一个不断发展的过程,其特征之一就是企业会随着时间的流逝不断地进入新市场或退出原来的目标市场。这是一个惊心动魄又引人入胜的动态过程,我们一起来解构和重构这个过程。

首先,我们把这个过程分解成五个片段,即五种目标市场的进入策略。

第一种,集中单一市场。 比如,阿斯顿·马丁公司(Aston Martin)就聚焦在跑车市场,不再做延伸。中国地产行业的星河湾就聚焦于豪宅市场。

第二种,选择性专业化。 企业选择若干个具备吸引力的细分市场,认为只要具备吸引力的都要进入。宝洁公司就是经典案例,在洗发水市场中,飘柔攻占的是洗发柔顺的市场;海飞丝攻占的是去屑的市场;沙宣攻占的是专业美发市场。字节跳动也是一家选择性专业化公司:今日头条、抖音、西瓜视频、火山视频等每个产品都覆盖一个细分市场。

第三种:产品专业化。 企业的策略是用同一类产品覆盖多个细分市场。经典可口可乐就是这样:无论贫富贵贱,无论你是居住地下室的"北漂",还是管理着亿万资产的巴菲特,都喝经典可口可乐。特斯拉、谷歌和滴滴出行等公司采用的也是产品专业化策略。

第四种:市场专业化。 企业集中为某一特定市场的顾客提供多种服务,这是典型的以客户为中心的组织。比如,中国平安为客户提供涵盖保险、银行、资管、信托以至医疗和教育等全面的服务。这类企业的战略逻辑是：与其把一个产品卖给很多客户，不如把多种产品卖给一个客户，通过提升客户的钱包份额和终生价值来赚钱。这种策略需要企业有很强的品牌号召力、高顾客转换成本和运营生态组织的能力。

第五种：全市场覆盖。企业的产品覆盖所有细分市场。这种策略主要是竞争激烈、成熟行业的领头企业采用的，比如互联网领域的腾讯、阿里巴巴，快消品领域的联合利华，通信领域的华为，汽车领域的通用汽车，酒店领域的万豪酒店等。图5-9集中展示了五种目标的进入策略及各自的案例。

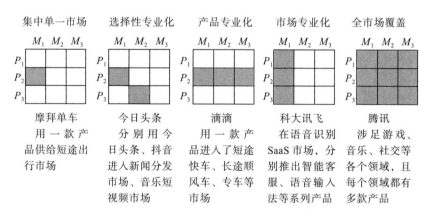

图 5-9 五种目标市场的进入策略

我们将上述五种策略连接起来，就形成了一个企业在较长的经营周期中连续的目标市场选择路径，也可以理解为该企业的增长路径，我们以丰田汽车在美国的发展为例。

⊙ 案例　丰田在美国市场的发展路径

丰田在美国的发展历程，展示了企业如何结合自身的发展目标和不同细分市场的吸引力，并且通过不断选择和优化核心顾客，来实现持续的增长。

1965年，丰田在美国选择了"经济型车"市场，推出了"丰田花冠（COROLLA）"。这个市场主要是以大学生（人生的第一辆车）和低收入人群为主。相比于当时美国主流市场的"标准尺寸轿车"，丰田花冠的燃油经济性和时尚紧凑的设计获得了目标市场顾客的青睐，从而在美国市场大获成功，成为经济型车的代表。

随着时间的推移，丰田的知名度越来越高，更为重要的是，当年花冠的核心车主（大学生）现在已经成为中产阶级，花冠已经不能满足他们兼具家庭和商务用车的需求，他们需要新的车型。对丰田来说，一个全新的细分市场出现了，它决定推出面向中产阶级的高档轿车"凯美瑞（CAMRY）"。

1986年，凯美瑞一经推出就成为畅销车型，至今仍是美国市场销售量最大的轿车之一。同时，丰田也针对商务市场推出了比凯美瑞更高端的"亚洲龙（AVALON）"，从而正式进入商务用车细分市场。

1989年，丰田在洛杉矶车展上推出了独立豪华车品牌"雷克萨斯（LEXUS）"，正式进入被奔驰、宝马垄断的豪华车细分市场。

截至2020年，丰田在美国先后推出了皮卡、SUV、

MPV、客车、混合动力轿车、轿跑车等多种车型。

纵观丰田在美国市场的发展历史，我们可以看到，丰田经历了"集中单一市场—产品专业化—选择专业化—全市场覆盖"的清晰发展路径（见图5-10）。这一路径选择是对细分市场机会、企业资源能力和企业发展目标不断动态匹配的结果，也是通过战略性地选择目标市场而实现企业良性增长的教科书级案例。

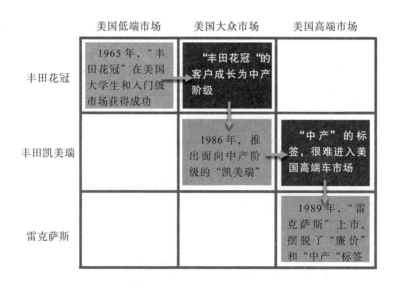

图 5-10　丰田在美国的发展路径

目标市场选择的综合考量

在目标市场选择时，企业负责人除了可以使用以上介绍的模型进行决策外，还应当结合经验综合考量多种因素，如企业自身的经验和能力、细分市场的规模、细分市场中的客户类型,等等。

2012年,科特勒咨询集团在帮助中国最大的粮油生产企业制定进入何种消费市场的营销战略时发现,它原有的业务几乎都是2B的,要进入2C领域的转换成本和风险很大。在评估完目标市场之后,我们建议它进入另外一个细分市场——中包装油市场。因为中包装油的客户主要是餐饮企业和食堂等B端企业,现在的消费者对于饮食健康非常关注,去餐厅吃饭常常会担心商家使用劣质油或者转基因油,更有极端的消费者自备食用油去餐馆吃饭,所以这个市场是有空间的。

企业在选择目标市场时,首先要求市场规模足够大,要能够容纳自己的雄心壮志。但又不可过大,要考虑自身的核心能力和资源,如果只是大池塘中的一条小鱼,恐怕也难有出头之日。成都武侯祠中有一句诤言:"不审势即宽严皆误,后来治蜀要深思。"

⊙ **案例　杰克·韦尔奇的数一数二战略**

杰克·韦尔奇曾提出:**你的公司在市场中要么做到市场份额第一或第二,要么就退出这个业务!** 这个著名的论断被称为"**数一数二战略**"。其实,数一数二战略的本质也是关于如何选择目标市场的。

数一数二战略源自杰克·韦尔奇上任之后与管理大师彼

得·德鲁克的一次聊天。韦尔奇问德鲁克：通用电气（GE）有上千家子公司，作为集团 CEO 应该如何去管理这些业务和公司？德鲁克是个很有"套路"的人，每当企业家向他请教的时候，他几乎从来不会直接给出答案，他会反问企业家，就像苏格拉底的"对问题的提问"。在提问题的过程中，企业家自己就慢慢领悟了。德鲁克反问韦尔奇：如果今天让你重新构建 GE 集团，你将会保留哪些业务、退出哪些业务？韦尔奇是何等聪明之人，他听完之后就悟出了数一数二战略：只要在市场中做不了行业的领军者，就全部淘汰。

然而，后来在通用电气高管的一次研讨会上，有人提出数一数二战略可能会诱导经理人对目标市场定义过于狭窄，原因显而易见：在越小的市场空间中，就越容易数一数二。比如，卖纯净水的既可以将品牌定位在饮料市场上，也可以只定义在纯净水市场上。但如果过分强调数一数二，可能最后反而是自己限制了自己的发展空间。

韦尔奇听到这样一个疑问后，深受震撼。他后来在笔记中写道：整整 15 年苦心地研究数一数二战略的必要性和朴实性，但今天发现这个战略有可能把企业拉向倒退。他吸取了教训，让各个事业部重新界定它们的市场，并要求每个事业部首先应当做到数一数二，但同时市场份额也不应该超出整个市场份额的 10%。改进后的数一数二战略获得了巨大的成功，接下来 5 年，通用电气的营业收入翻了一番。这就是重构目标市场选择的力量。

最后补充一点，是初创企业特别要关注的目标市场或目标顾客类型，我们将这种客户称为"**天使用户**"，互联网公司也将他们称为"**种子用户**"，指的是在一个产品刚推出来时，对产品产生高度兴趣和好感的人群。他们可能是几十个人，也可能是几千个人，但他们的共性是对这个产品高度感兴趣，也极其愿意去亲身试用和传播产品。

他们就像种子一样可以发芽，也像天使投资一样，对企业和产品有着至关重要的意义。比如，小米最初做手机系统时，雷军下达了一个指标：不花钱地将小米的系统做到拥有100万用户。于是，当时主管系统的负责人黎万强就只能通过论坛做口碑，满世界去泡论坛、找资深客户。几个人注册了上百个账户，天天在手机论坛中灌水发广告，精心挑选出100个超级用户。这些超级用户参与到小米的设计、研发和反馈中，也正是这100个用户，以星星之火燎原之势，助推了小米的成功。当时，雷军每天都会花一个小时在微博下面回复评论，即使是工程师也要按时回复论坛上的帖子。小米论坛上有实质内容的帖子有8000条，每个工程师每天平均要回复150个帖子，每一个帖子后面都会显示被采纳的程度，以及解决这些问题的工程师ID。这些举措赋予了这帮用户高度被重视的感觉，也正是这些种子用户，成为小米后来爆发的重要动力之一。

乔布斯说"我从来不做市场调查"，这句话听起来很傲慢，但背后的思维底牌在于乔布斯和苹果拥有一批天使用户。

天使用户有以下三个特性。

第一是**高感知度**：他对你的产品非常了解，甚至是这个行业中的顶级专家。

第二是**高参与度**：他愿意参与到你产品的创造和发展过程中。

第三是**高扩散度**：他愿意传播，在传播中往往发挥着信息节点的关键作用。

企业存在的目的就是服务顾客，产品是为顾客而生的。初创企业或新产品成功的核心就在于：你是否找到了那个正在等待你服务的目标顾客/市场，他们会热爱你的产品，他们会帮助你走向成功！

What Is Marketing

第 6 章

认知的垄断
建立强大的市场定位

狐狸知道很多事情,而刺猬只有一个绝招!

——阿基·罗库斯

故事　吉列公司到底是做什么的

大家都知道吉列（Gillette）是一个剃须刀品牌，但它除了生产剃须刀，还生产电池、圆珠笔、口香糖等。你是否会觉得这些业务很分散？吉列为什么要从事这么分散的业务？它又是怎么定义核心业务的呢？

多年前，菲利普·科特勒先生曾经和吉列公司的CEO有过一次谈话。科特勒先生问道："您到底是做什么生意的？"

这种问题看似简单，其实很多企业家回答不上来。因为他们对自己的生意没有形成战略定见。企业实际是由机会驱动的——哪个地方有机会，企业就去捞一把，因为在他们看来，只有先把企业做大了，企业才容易获得低成本资金、渠道和组织。但是，这样的行为往往导致一个结果，即造就一批大而不强的企业集团。这些企业看似很大，其实很脆弱，因为它们没有打造在该行业进行价值创造的核心竞争力。

吉列公司CEO是如何回答这个问题的呢？他说："我们的业务是高度聚焦的，吉列公司只做一件事情——超市结账柜台那一平方米货架空间的生意。我们把这种产品叫作'秒表式产品',也就是消费者从需求被唤起到真正购买不超过10秒钟的产品。"这类产品通常是必需品,有着场景提示性购买、高频、高毛利的特征。

在这样的业务定义下,吉列公司呈现出非常独特的发展格局。首先,吉列公司会看一看这一平方米货架空间上还有什么品类可以进入。其次,看一看其中有哪些产品不是吉列公司的,吉列可以考虑收购它们。最后,看一看还有多少货架空间是吉列尚未进入的。吉列公司极富洞察力的战略定位引领它创造了巨大的顾客价值和股东价值。2005年,吉列公司以创纪录的570亿美元与宝洁公司并列成为全球最大的日用消费品公司。

6.1 什么是定位

定位是战略营销STP三要素中最后一个要素,也是企业对目标顾客需求的总结和表达。菲利普·科特勒认为:**定位是使品牌和产品差异化,从而在目标顾客心智认知中占据一个与众不同的和有意义的地位的过程**。

定位的特征

有效的定位需要具备的两个核心特征:差异化和有意义。

差异化,是指品牌、产品和服务必须与同类产品不同。这种不同可以从市场细分时使用的维度获得启发。通常,企业在以下几方面创造差异化感受：品牌形象不同（如小米和华为）、功能特征不同（如特斯拉和蔚来汽车）、解决的问题不同（如企业微信和钉钉）、使用场景不同（如星巴克和雀巢）、使用体验不同（如抖音和快手）、价值感不同（如哈根达斯和钟薛高）、典型客户不同（如宝马和沃尔沃），等等。**差异化是消费者对产品和品牌产生记忆和熟悉感的必要条件，而且，差异化必须是可以实现并值得信任的。**

有意义，是指品牌和产品的差异化必须对消费者有意义和有相关性，唯有如此，消费者才能感知和解读差异化带来的价值。从理论上讲，产品和品牌的差异化是无穷无尽的。然而，定位的时候，企业必须选择那些能激发消费者情感从而成为购买驱动力的差异点。比如，星巴克咖啡和其他咖啡馆的差异点有很多，星巴克战略性地选取了"情景化的店面设计"和"便利的商务位置"为核心特色，支撑了星巴克"鲜活的咖啡体验"这一定位。**意义感的本质是对熟悉事物的重新解读和赋予它独特的象征**。这种解读能给消费者带来意想不到的惊喜。

定位的策略

根据我们对上百家企业提供咨询服务的经验，我们发现，成功的定位往往基于以下三种策略之一：**占据一个品类、占据一个品类特性、塑造品牌个性。**

策略一，占据一个品类。

消费者去零售店买可乐，心中想买的只有可口可乐或百事可乐，而不是其他品牌的可乐。因为这两款可乐已经在消费者的心智中成了可乐品类的代表了。这就是所谓的占领品类，是**做品牌的最高境界：品牌等同于品类**。一想到出国考试培训，消费者脑海中跳出的第一个词就是新东方；一说到越野车，就会想到 Jeep 品牌。所以，强势品牌能够把自己变成一个品类性的产品。表面上消费者看到的是一个品牌，实际上这种品牌已经占据了一个品类的消费者心智了。

要达到这种境界，可以有两种方式：一是找到一个空白战场的品类，再把它牢牢占住。另外一种方式就是开创一个新的品类。联想收购 ThinkPad，最有价值的是 ThinkPad 这个品牌。大约在十几年前，几乎每个商务人士一想到商务电脑，就会想到 ThinkPad。联想收购 ThinkPad 之后，第一件事就是降低价格，这样，它的消费人群就覆盖得更广了；第二件事是推出了不同颜色的 ThinkPad，相当于把商务人士笔记本的第一品类稀释了。现在，商务人士选择电脑就不局限于 ThinkPad 了，有人用苹果，有人用微软，等等。这其中有很多值得联想复盘和反思的地方。强势品牌应当牢牢锁定一个品类，这是第一金律。

策略二，占据一个品类特性。

并非所有企业都能够牢牢地占据产品品类或是开创一个新的品类。在这种情况下，我们可以占据品类的一个特性，也就是**在统一的品类中找到企业产品最不一样的特点，并且**

牢牢地占据住。

同样是互联网领域的外卖行业，美团和饿了么的诉求是完全不一样的。美团的诉求是快，它有句广告语"美团外卖，送啥都快"，而饿了么的诉求是红包返利。所以，在同一品类下，最重要的要素是抓住一个核心特点，并不断地强化它。

同样是知识付费平台，"三节课"偏向于纵向的深度技能学习，而"得到"则偏向于新知识的横向传播，这就是基于特性不同的定位。

策略三，塑造品牌个性。

如果品类和特性都找不出差异化，企业可以致力于打造独特的品牌形象，塑造品牌个性。

不少互联网公司特别依赖烧钱打营销战，把传播和公关锁定在品牌形象环节。其做法值得商榷。比如，腾讯视频的品牌口号（slogan）是"不负好时光"，如果按照上面介绍的三条标准仔细分析，我们会发现这个品牌口号其实并没有占据视频领域的品类和特性。优酷的口号是"这世界很酷"，也没有说出优酷在视频领域的最大竞争特性和定位。抖音的品牌口号演进则十分经典：2016年，它的品牌口号是"让崇拜从这里开始"，准确而个性地表达了"草根网红"的崛起和年轻人虚荣心平台的特征。2018年，它的品牌口号升级为"记录美好生活"，虽然品牌个性有所降低（快手的品牌口号是"记录生活，记录你"），但是涵盖了更广泛的用户圈层和内容领域，也符合主流价值观的趋势。

企业创始人首先要思考：能否回到定位中最核心、最高端的方法——占据一个品类或者开创一个品类。一步到位地做到最高境界是最理想的；如果一时没办法做到，就应当试试第二条——占据同一品类中的关键特性；最后才是第三条，做品牌形象的传播。取法乎上，仅得其中。取法乎中，仅得其下。定位决策是有优先顺序的。在实际工作中，这三者也可以并行和混合起来做，但企业需要注意其中的内在顺序。

6.2 有效定位的方法：五价值定位法

定位很重要，但有效的定位思路从哪里来？我们在此提供一个简明的思考框架，帮助读者结构化地梳理定位的思路。这个框架叫作"**五价值定位法**"。

第一步，确定五个对目标市场顾客最重要的价值

依据在市场细分和目标市场选择环节的研究基础，挑选出对目标市场顾客最重要的五个价值。挑选这五个价值的时候不用和竞争对手比较，只需以顾客需求为唯一维度。通常，这些价值关乎产品性能、价格、购买渠道、使用场景、可靠性、增值服务、使用体验、用户形象，等等。比如，汽车行业最重要的五个价值包括：驾乘感、外观内饰、价格、用车成本、品牌形象。这五个价值是因企业选择的目标市场不同而变化的。跑车市场和乘用车市场的五个价值不同，第一次购车消费者和第二次购车消费者的五个价值也会不同。而在

餐饮行业，"90后"人群最看重餐饮服务的五个价值和商务人士最看重餐饮服务的五个价值也是不同的。

第二步，对五个价值进行分类——一个垄断、一个差异、三个达标

公司应结合自身能力和竞争对手的比较优势，对选出的五个价值进行分类，可使用表6-1进行打分。

表 6-1　价值评分表

客户关注的价值点	行业平均水平	竞争对手水平	我们的水平	客户关注程度
1.				
2.				
3.				
4.				
5.				

公司要确保自己在其中一个价值上占据垄断优势，在另外一个价值上实现差异化，在剩下的三个价值方面达到行业平均水平。

- 一个垄断优势的价值称为**超级价值**（super points of difference，SPOD）。
- 一个差异优势的价值称为**差异价值**（points of difference，POD）。
- 三个行业平均水平的价值称为**基准价值**（points of parity，POP）。

超级价值代表了一个产品对客户最杰出、最重要的价值，它定义了产品和顾客的关系密度。差异价值代表了一个产品是如何与竞品差异化的，它增加了产品的特异性区分度。基准价值代表了产品的品类标签和信任基础。

比如，公司找出了 A、B、C、D、E 五个价值，按照顾客关注度的高低、与竞争对手相比的优势两个维度，画出一个坐标图，再将五个价值填入相应的位置。如图 6-1 所示，A 为超级价值点，B 为差异价值点、C、D、E 为基准价值点。

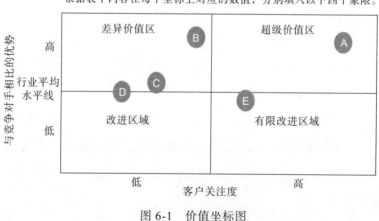

图 6-1　价值坐标图

以西贝为例，它的目标市场是中产家庭，这个目标市场关注的五个核心价值是：好吃、健康安全、上菜快、价格合理、服务贴心。那么，西贝的五价值组合模型如下：

- 超级价值：正宗西北菜，道道都好吃！

- 差异价值：下单后25分钟，保证鲜热的菜品上桌！
- 基准价值：价格适中、服务亲切、卫生健康。

以新兴的肉食生鲜连锁店钱大妈为例，它的目标市场是一、二线城市中关注鲜肉品质的妈妈。这个市场关注的五个核心价值是新鲜、定价合理、可靠、便利、货品丰富。钱大妈的五价值组合模型如下：

- 超级价值：新鲜，不卖隔夜肉！
- 差异价值：分时段按新鲜度定价，荷兰拍卖模式。
- 基准价值：区域连锁，有规模；社区熟人店，有信任；鲜肉品类丰富。

再比如，通用电气（GE）选择以"复杂服务"为垄断性超级价值，在购买方式上进行差异化（买家信贷等特色购买服务）；苹果选择以"使用体验"为垄断性超级价值，在产品功能配置上实现差异化。

第三步，提炼和归纳定位话语体系

把上一步分类的价值进行提炼、归纳、优化，使之成为可以对消费者进行传播的定位话语体系。定位语言工具主要包括三种：**定位导语**、**定位声明**和**广告语**（见图6-2）。

- 定位导语：表述定位最硬核的内容，是相对长期不变的、来自对超级价值的表述。对品牌传播工作起到了灯塔指引和统领性作用。
- 定位声明：对定位导语的深度表述和解释。
- 广告语：聚焦传播主题和传播受众的定位延展表达和创意表达，可以有多个版本。

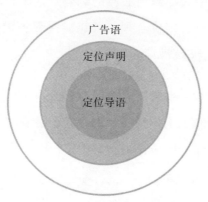

图 6-2　定位话语体系

以王老吉为例，它的定位话语体系如表 6-2 所示。

表 6-2　王老吉的定位话语体系

定位导语	定位声明	传播主题	广告语
怕上火，喝王老吉	正宗凉茶王老吉，采用本草植物材料配制而成，其采用的菊花、甘草、仙草、金银花等具有预防上火的作用……	回家过年	让爱吉时回家 世界再大，总要回家
用途：用于对外传播、简明有力地表述顾客价值承诺	用途：用于招股书、公司大型会议、公司介绍、项目提案，以及长篇说明书	用途：针对具体的营销战和场景，引领传播内容，实现以营销目标为导向	用途：具体传播主题之下的对定位核心的具体创意表达

对于定位声明，我们提供一个模板供读者参考（见表6-3）。值得注意的是，这个模板是一个完整的定位声明，在实际应用中，企业会根据需要截取关键部分以便于传播（如以上王老吉案例）。

表6-3 定位声明模板

致：目标顾客

（价值承诺）我承诺你：
（解决问题——痛点）我知道这对你很重要，因为：
（价值支持——证据）你可以信任我的承诺，因为：
（使用方式和场景）：
（型号）这里有不同的方式让你去体验我的承诺：
（价格）为了体验这个承诺，你需要付出的价格是：

以"××之源自然清洁洗发水"为例（见表6-4）。

表6-4 "××之源自然清洁洗发水"定位声明

致目标顾客：长期使用化学成分洗发水且关注发质的女性中青年顾客。

（顾客价值承诺）我承诺你： "××之源自然清洁洗发水"，让你的头发轻松自然
（解决问题——痛点）我知道这对你很重要，因为： 现在的洗发水添加的化学成分越来越多，这些东西在我的头发上留下了很多残留物，使头发容易变脏甚至黏糊糊的，有时还会带来头皮屑

（续）

（价值支持——证据）你可以信任我的承诺，因为： "××之源自然清洁洗发水"采用天然洗护皂素，不添加化学成分	
（使用方式和场景）： "××之源自然清洁洗发水"，每两天洗一次头发时使用，可以与其他洗发水混用	
（型号）这里有不同的方式让你去体验我的承诺： "××之源自然清洁洗发水"有两种规格可供选择——400毫升和200毫升	
（价格）为了体验这个承诺，你需要付出的价格是： 96.00元/400毫升，52.00元/200毫升	

定位效果增强：消费者认知思维的六大特征

企业在确定定位话语体系时，需紧密结合顾客认知心理特征。定位传播理论研究专家艾·里斯（Al Ries）和杰克·特劳特（Jack Trout）提出了消费者在购买环节中的五大思考特征，对这些特征的使用，能帮助定位有效地进入顾客的心智。

第一个思考特征：消费者只能接受有效的信息。很多企业都在做信息加法，不断增加产品的功能信息。但是，信息越多，就越会淹没真正重要的定位核心，每一次信息扩张都在远离聚焦、远离消费者的心智，这种内容策略会有很大的风险。信息有效性的关键就是信息的聚焦度。比如，DQ冰激凌的功能利益点有很多，但最核心的信息就是：DQ的奶油比例是最高的，因此口感丝滑。

第二个思考特征：消费者喜欢简单而厌恶复杂。比如乐视的业务非常复杂：乐视网、乐视电视、乐视汽车……产品链的边界延伸太大，资源和能力匹配不足。很多企业存在这样的问题，母体做得很大，但每个业务线上都缺乏能占领客户心智的核心品牌，整个品牌认知越来越复杂，也越来越失焦，消费者甚至都想不起它是做什么主营业务的了。

第三个思考特征：消费者缺乏安全感。很多消费者在购买产品时存在两个区间：一个是避险区间，另一个是偏好区间。避险是基础，偏好是加分。当企业做定位时，要不断地给消费者增加信任感，让大家都信任企业和品牌。例如，方太电器宣称是高端抽油烟机行业的引导者，后续的确有一系列的保障反复支撑这样的定位。品牌的基础是建立信任，然后才有能力建立偏好。

第四个思考特征：消费者对于品牌的印象不轻易改变。经常有公司在业务成长之后对品牌进行升级，试图用新的品牌覆盖原有品牌，这种做法成功的并不多。比如，联想母品牌就覆盖了很多产品线的品牌。联想的挑战在于如何在核心细分市场成为消费者的首选品牌，这是联想公司目前仍要努力解决的问题。这也解释了为什么"造车新势力"公司从互联网行业进入造车领域后都会建立新的品牌以便和原有品牌进行区隔。

第五个思考特征：消费者的想法容易失去焦点。常识告诉我们：企业要去满足消费者，要顺应消费者的偏好。但乔布斯的观点是，顾客并不知道自己想要什么，所以市场调研没有用,引导顾客才是关键。定位就是先从客户的心智中找到一个空间,再通过一些手段不断地引导客户,占领心智空间,让他们认识到这个企业和其他企业是不一样的。这是一种新的思路和做法,让企业引导消费者,而不是被消费者所引导。

除了里斯和特劳特提出的五大思考特征,我们还要追加一条,即**第六个思考特征:消费者的认知大于事实**。对企业的产品或服务,如果认知大于事实,说明企业的品牌是具备优势的;如果认知小于事实,则说明其品牌力完全没有得到彰显。"认知大于事实"也可以理解为"攻心为上"。

举个例子,当提到汽车的安全性,大多数人第一个想到的可能是沃尔沃,事实的确如此吗?在汽车行业,很多公司都非常关注安全性能。比如本田的很多广告都是打的安全牌;日产也宣传安全,甚至宣称是五星级的最安全的汽车,而且大量的安全测试也证明了它安全性是最好的。美国高速公路安全协会曾经对一系列汽车做过安全撞击测试,结果排名前十的品牌中居然没有沃尔沃!美国公路局2011年的数据显示,奔驰的E级轿车是安全系数最高的汽车,而沃尔沃仅排第三。

尽管事实如此,但只要沃尔沃自己没有做战略调整,只要它长期牢牢锁定"安全"这一关键词,大部分消费人群一提到安全性还是会首先想到沃尔沃,这就是心智之战——一场无硝烟的战争。所以,定位就是攻占消费者的心智,让自己的产品、服务和企业在消费者心智的某个领域成为第一。

定位效果增强：定位传播的可视化

你也许还记得，乐百事在刚刚推出纯净水时采用了"17层净化"这个定位传播概念，非常有效。不久，这种属性就变成了行业的基本属性，有的纯净水品牌甚至用了"27层净化""37层净化"，竞争的差异点变成了产品共同点。而农夫山泉将"天然"这一关键词作为核心定位，把自己定义为天然矿泉水而非纯净水，进而围绕这个概念做了大量的传播，突出矿泉水和纯净水的区别。它有一个广告让人印象深刻：用纯净水浇灌的花草由于缺乏营养成分，花草很快就枯萎了，而用矿泉水浇灌的花草生机勃勃，这一对比的手法就叫作定位的可视化。**定位的可视化把产品的特异性通过视频和故事牢牢地钉在消费者的心智中。**

围绕核心定位，农夫山泉与中国几大天然水源签订了长期协议，还在水源地建厂，保证了天然这一品牌价值的核心性和持续性，也强化了它的定位——大自然的搬运工。

时至今日，农夫山泉早已成了矿泉水领域的一流品牌，其成功得益于差异化的市场定位和强烈的定位认同。可以想象，如果当年农夫山泉也萧规曹随地追随其他纯净水品牌，可能很难有今天的成功。

6.3 定位与差异化战略

本节是延展性内容，超越了经典营销的范畴。我们希望用一节内容来分析定位作为一种战略思想的作用，以及定位是如何与差异化战略协同工作的。

哈佛商学院教授、竞争战略之父迈克尔·波特讲过一个很有趣的故事：在加拿大的东北部有一个岛屿，生活着一些以狩猎为生的印第安人部族。有人去研究他们的狩猎方法，发现有两种不同的方式，一种经过精细的规划，通过观察和记录过去哪些地方的猎物最多，哪些地方的猎物在减少，哪里的环境比较复杂，等等，然后精心计算猎物出现的地方。而第二种方式比较原始，就是把弩骨放在火上烤，直到烤出裂痕，然后依据裂痕所包含的信息，比如观察裂痕的走向等来判断猎物的方向。一种经过精心规划，另一种近乎巫术，哪种策略会成功？

令人吃惊的是：研究人员发现，采取第二种巫术式方法的部族有更高的概率存续下来，其他大多数以狩猎为生的部族因为找不到猎物而逐步消亡了！

波特认为，第二种方式——近乎巫术式的通过骨头的裂痕来判断猎物方向是科学的。因为这涉及一个市场竞争的关键词——差异化。正是因为其他部族都精心规划、科学分析，得出了猎物最有可能出现在河流区域的结论，反而造成河流区域狩猎活动异常残酷的竞争。大家都在相同的地方狩猎，使得猎物很快被猎完。那些靠骨头的裂痕而狩猎的部族却因为差异化而生存了下来。

迈克尔·波特提出了"五种竞争力量"和"三种竞争战略"的理论观点,该模型的背后就需要差异化作为支撑。企业建立差异化的方式有很多,我们研究认为,企业可以在战略层面构建起立体的差异化体系,在此介绍一个经验公式(见图 6-3)。

图 6-3 竞争战略差异化公式

资源差异化是指企业拥有一些竞争对手没有的稀缺资源,于是可以在竞争中获得优势。比如,钻石行业的公司如果能控制供应链上游的钻石开采,那么在资源的布局上就会形成资源差异化,便可以领先于竞争对手了。

当然,并不是所有公司都能控制上游资源。比如,地产业的华夏幸福公司由于上游的土地资源掌握在政府手中,无法在资源上形成差异化,于是,它探索出了模式上的差异化,即通过商业模式和经营模式的重构获得差异化。在其他地产公司忙着竞拍拿地的时候,华夏幸福通过与地方政府进行从基础设施到产业导入的深度合作来获得大量的土地,这种系统盘活的能力抓住了地产行业的战略咽喉——土地资源,这就是一种商业模式差异化。很多互联网公司也是通过商业模式来进行差异化的。

如果无法形成资源的差异化，模式上又很难创新，那么企业还可以尝试认知的差异化：虽然竞争对手在资源、模式和产品上与我们一样，但是我们企业的目标客户，非常坚定地相信我们提供的服务就是不一样。认知差异化的关键就是定位：重构客户认知、重塑目标客户，企业就能得到差异化生存的机会。

在生态学中有个关键概念叫作**生态位**，就是指恰好被一个物种或者亚物种占据最后分布单位。简单的理解就是，存活在同一个生态位上的生物，就在同一个分布单位上。比如，同样的经度、纬度和湿度空间中，资源总是有限的。按照生态进化理论，可能一开始同一个生态位上有很多生物，但最后只能被一个物种所占据，也就是说，生物要想活下来，首先就要找到自己不同于竞争对手的生态位，就是进行差异化。只有形成差异化才能避免印第安人部族例子中红海式的直接竞争，才能活得更好。

成功的企业、好的产品和卓越的服务都是有自己独特的生态位的。建立市场领域生态位的核心方法就是定位。如果位置没有定好，就有可能发生红海的血拼。

熟悉这个理论之后，你就能理解很多有意思的结盟。比如，同样是卖车，宝马和凯迪拉克根本不在一个生态位，表面上是竞争对手，但是它们却结盟了，就是因为它们的定位是完全不一样的。同样是卖白酒，茅台、红星二锅头和小糊涂仙也从来不在一个战场上。定位就是要找到消费者心智中，企业、产品、服务不一样的生态位在什么地方。换句话说，就是企业独特性的资本。

最后，差异化是以定位为导向的，差异化实现了定位的价值承诺。定位绝对不仅仅是一个广告语，定位的终极目标是指导企业创造差异化的产品和体验，让定位成为顾客的感知。

⊙ 案例　趣头条是如何用差异化定位实现爆发式增长的

趣头条于2018年9月14日在美国纳斯达克敲钟，此时，它才成立了27个月，打破了拼多多创造的快速上市纪录：

- 上市当天，市值达到了45.88亿美元。
- 上线一年，在资讯类App排名第5。
- 2017年年底，月活用户为4000万；2019第一季度，月活用户达到了1.1亿。

细分市场，找准定位

趣头条根据地理位置、年龄等条件对市场进行细分，选择目标市场为"小镇中年"。

小镇中年的人口统计学和生活方式特征有：70%的用户来自下沉市场，用户年龄中位数为40岁，60%为女性，信息获取能力普遍较低，闲暇时间多，可支配收入不断增长，社交圈子比较封闭。

小镇中年在行为和动机特征上有两个关键点:

- 因为信息获取能力低,所以比较依赖外部服务,可以通过装机拉新。
- 因为闲暇时间多,所以需要消磨时间,顺便赚点小钱。

重构价值曲线,聚焦核心顾客价值承诺

按照价值定位法,趣头条的核心顾客价值可以归纳总结如表 6-5 所示(按 5 分量表打分)。

表 6-5 趣头条的核心顾客价值

客户关注的价值点	行业平均水平	竞争对手水平	趣头条水平	客户关注程度
1. 内容质量	3	5	3	2
2. 内容丰富度	4	4	3	4
3. 社交	2	3	4	4
4. 软件流畅度	4	3	4	4
5. 用户激励	2	3	5	5
6. 个性化推荐	3	5	4	4
7. 交互与 UI 设计	4	4	4	2

然后,根据表中的内容在每个坐标上对应的数值,分别填入图 6-4 的四个象限。

把四象限图转化绘制为趣头条的价值曲线(见图 6-5)。

第6章 认知的垄断：建立强大的市场定位　129

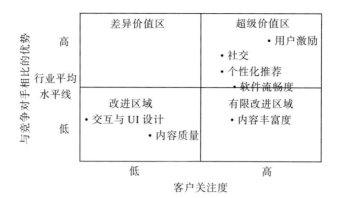

图 6-4　趣头条的价值点对应的象限

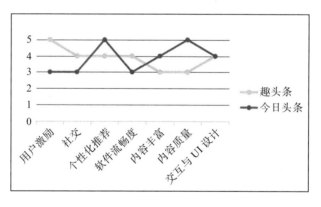

图 6-5　趣头条与今日头条的价值曲线对比

对比趣头条和今日头条的价值曲线，我们可以发现两家公司在产品上有明显的差异和各自清晰的定位：

- 今日头条在内容及算法推荐上占有优势，这是其超级价值点。
- 服务下沉市场方面，趣头条的软件优化程度较高，更适合中低端手机机型。
- 满足目标顾客动机方面，趣头条的社交和用户激励表现突出，主要依靠金币体系和游戏化运营。

趣头条的成功，得益于其不遗余力地聚焦目标市场，坚持以战略定位为核心的增长模式，通过打造差异化的产品价值曲线，把资源用在顾客的超级价值上。

- 社交拉新：邀请好友可以收其为徒弟，师父可以分享徒弟的收益。
- 激励促活：用户阅读、签到、分享、完成任务都可以兑换金币。

趣头条的用户积分成本占到收入的 51.9%。换句话说，趣头条将超过一半的收入补贴给用户，趣头条称之为"用户忠诚计划"。"经营顾客"是趣头条之类互联网产品的核心商业模式。获客成本（CAC）、顾客终身价值（LTV）、顾客保留率（CR）是经营顾客的黄金指标。趣头条通过用户忠诚计划、社交裂变、游戏化运用等手段很好地提升了黄金指标，从而使企业走上了良性增长之路。

What Is
Marketing

第 7 章

认知的资本化
创建品牌资产

品牌绝不是为现有产品起一个名字、编造一个故事，恰恰相反，产品是对杰出品牌理想的表达和解读！

——米尔顿·科特勒

故事　为什么可口可乐的品牌超越产品

可口可乐前总裁道格拉斯·达夫特（Douglas Daft）曾说："如果可口可乐在世界各地的厂房被一把大火烧光，只要可口可乐的品牌还在，它会在一夜之间让所有的厂房在废墟上拔地而起。"由此可见，品牌是企业的支撑与灵魂。2002年，可口可乐的市值达到1600多亿美元，但账面资产仅占不到10%，剩余资产中更多来源于品牌的价值。

1972年，北美饮料调查显示，只喝可口可乐的人占18%，只喝百事可乐的人仅占4%，但到了80年代初期，情况发生了很大的变化，喝可口可乐与喝百事可乐的人数基本持平。于是，百事公司开展了一项名叫"百事挑战"的盲测。百事员工选择在人流量大的公共场所，邀请经过的人品尝两杯没有标签的杯装可乐，然后让人们做出选择，最后由工作人员告诉你哪杯是百事可乐，哪杯是可口可乐。结果是多半参与者认为百事可乐更合口味。尽管百事可乐通过这次盲测的宣传树立了市场形象，不过在美国，可口可乐依然是软饮界的老大，百事可乐只能望其项背。

虽然盲测的结果是百事可乐的味道比可口可乐好，但为什么选择购买可口可乐的人还是多过购买百事可乐的人呢？实际上，不管是可乐还是其他任何消费品，在市场中真实的销售都不会在隐性的条件下进行，品牌作为一种认知资产会影响消费者的行为。

多年后，神经学家里德·蒙塔古（Read Montague）再次做该实验时论证了这点。在味道盲测时，其实喜欢百事可乐和可口可乐的人数相差无几。但当明测，即事先告诉测试者哪杯是可口可乐、哪杯是百事可乐时，3/4 的人的大脑血液流向表明更喜欢可口可乐，可口可乐这四个字令测试者的神经元产生了极活跃的反应。由此可见，神经对某个品牌的反应程度可以预先影响消费者的判断，而味道并不是主要因素。也就是说，当测试者听到或看到可口可乐的品牌时，大脑正通过广告回忆起品牌形象和概念，这时品牌的影响就超越了产品实际的品质。品牌价值会左右消费者的购买行为。

7.1 什么是品牌

今天，品牌已经渗透到企业经营和人们日常生活的方方面面，大家对品牌都有自己的理解。就像丰富的产品一样，品牌的定义林林总总。一方面，丰富的定义能够拓展我们开展品牌工作的视角；另一方面，大家对于什么是品牌，以及如何更全面地开展品牌创建和管理产生了认知模糊。为了降低大家认知的难度,我们先开宗明义,介绍一下品牌的定义。

1960年,美国营销协会(American Marketing Association,AMA)将品牌定义如下:**品牌是一种名称、术语、标记、符号、图案或者它们的组合,以识别出某个或某类产品提供者以及他们的产品与竞争对手的区别**。仔细思考一下这个定义,名称意味着要给品牌起一个名字,标记和符号要求我们设计一个logo。那么,是不是只要起一个好听的名字、设计好看的图案和包装等视觉层面的内容,就是做品牌了呢?当然不是。应当注意的是,我们并不是为了进行纯学术的研究而探讨品牌定义,而是通过对品牌定义的探讨加深我们对品牌本质的理解、改善未来的品牌工作,这才是研究品牌定义的意义所在。

基于这个逻辑,**凯文·凯勒(Kevin L. Keller)教授认为**,美国营销协会的定义在实践运用时是不全面的,业界需要对品牌进行更加综合的概括:**品牌是一个立足于现实的认知集合体,它存在于人的认知中。这里的认知对象可以是企业,也可以是非营利组织,还可以是地区、个人等。**

实践证明,只要是可以被认知的事物就可以通过品牌化运营成为品牌。受众在心智中形成品牌认知,在这个过程中,所有能帮助其建立品牌认知的方式和过程,都应该得到全面的考虑,如品牌感知的方式,以及通过产品使用和服务体验来建立品牌的过程。基于这个视角,传播、广告和标识设计都只是创建品牌的基础工作,并不能代表品牌工作的全部,更不能限制和忽视企业其他部门对创建品牌的职责与作用。值得注意的是，很多的服务，即其他与顾客产生接触的过程，都是建立品牌的重要过程，企业不应只将其看作售后服务的一部分而忽略。

在品牌实践演进的过程中，涌现出很多经典的品牌定义。我们没有提供太多差异化的定义，只希望提出一种能拓展大家思路的定义，帮助大家全面思考如何建立品牌和发挥品牌作用，更加简捷地建立一套知识体系。有兴趣的读者可以花一点时间研究品牌不同的定义，看看不同视角下品牌的定义有哪些差异。

基于顾客的品牌资产金字塔如图 7-1 所示，其中展示了品牌创建的步骤和每个阶段品牌建设的目标。

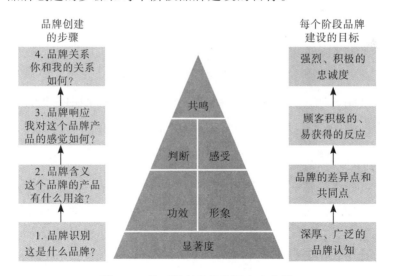

图 7-1　基于顾客的品牌资产金字塔

- 第一步，品牌识别，目的是建立深厚、广泛的品牌认知。
- 第二步，品牌含义，确立品牌的差异点和共同点。
- 第三步，品牌响应，获得顾客积极的反应。
- 第四步，品牌关系，建立顾客强烈、积极的忠诚度。

7.2 品牌资产的概念和两大模型

什么是品牌资产

在介绍品牌资产之前，我们首先来认识一下什么是资产。中国《企业会计准则》认为，资产是由企业过去经营或者交易形成的，由企业拥有或控制的，预期会给企业带来经济利益的资源。这个定义最关键的一点在于，只要是能够为企业带来经济价值的资源都可以称为资产。基于资产的概念，凯文·凯勒为我们做了一个非常好的总结。他认为，**品牌资产是顾客通过以往的认知和感知所形成的品牌知识，以及由此导致的对于品牌营销活动差异化的反应，包括品牌态度和相应的品牌行为**。

品牌通过建立品牌知识来影响顾客的行为，差异化的品牌行为给企业带来差异化的经营结果。更高的品牌目标是收获品牌忠诚度，这意味着更低的获客成本、更高的营销投入产出比、更高的企业利润率。这是一条经过验证的坚实的因果链条。比如，忠诚的"果粉"是苹果每次发布的新品的主力购买人群，他们对价格接受度高，还会通过社交网络进行二次传播。所以，苹果公司的营销活动效率很高，并且效果极好。这些因素互相叠加和强化，使得苹果公司成为世界上最挣钱的公司之一，这就是品牌资产为公司创造实实在在的财务价值的案例。

品牌对企业而言是一项非常重要的认知型资产。可口可乐前总裁道格拉斯·达夫特说，如果可口可乐在世界各地的厂房被一把大火烧光，只要可口可乐的品牌还在，它会在一夜之间让所有的厂房在废墟上拔地而起。这句话就是在强调品牌资产的宝贵。虽然我们无法在企业的财务报表中看到品牌资产，但品牌资产仍旧是企业经营努力的方向和财务绩效的源头。

品牌资产应当包含哪些内容？接下来我们将介绍两个经典的品牌资产模型：戴维·阿克（David A. Aaker）的品牌五度模型和凯文·凯勒的品牌资产模型。

戴维·阿克的品牌五度模型

品牌泰斗戴维·阿克认为，品牌资产应当包含品牌的**知名度、认知度、信任度、美誉度**以及**忠诚度**（见图7-2），其对应的是一些品牌知识及相应的品牌行为。品牌忠诚度有很多指标，比如一些表现出来的购买行为，以及品牌推荐度，等等。

图 7-2 戴维·阿克的品牌五度模型

凯文·凯勒的品牌资产模型

凯文·凯勒提出了基于顾客行为和认知角度的品牌资产模型，该模型反映了一种自下而上的递进关系，分别从理性和感性两条路径来创造品牌资产。根据凯文·凯勒的定义，品牌资产由六个模块构成：**显著度、功效、形象、判断、感受、共鸣**。

（1）品牌显著度，即受众对品牌的基本认识状况，如对品牌名称和所属品类的记忆度和识别程度。这是品牌资产的基础。缺乏知名度和认知度的品牌是"不存在的"，更无从谈品牌资产了。

（2）品牌功效，即产品或服务满足顾客功能性需求的程度。它包括顾客对以下五个方面的评价：产品的主要成分及特征、产品的可靠性和耐用性；服务的效果、效率及情感；

服务的满意度；品牌及产品的设计与风格；整体使用成本与价格。

（3）品牌形象，即顾客对品牌的所有联想的集合体，反映了品牌在顾客记忆中的图影。品牌形象是品牌表现出来的特征，包括品牌名称、包装、图案、广告设计等。

（4）品牌判断，即顾客对品牌的个人喜好和评估。它涉及消费者如何将不同的品牌功效与形象联想结合起来以产生不同的看法。顾客对品牌通常会形成四种判断：品牌质量、品牌信誉、品牌考虑和品牌优势。

- 品牌质量是顾客根据对品牌功能的体验而形成的个人判断和满意度。它是影响品牌资产的重要基础，缺乏品牌质量判断的品牌将无法在品牌显著度的基础上进一步发展。
- 品牌信誉是顾客对产品和品牌背后的公司形象的判断，包括公司的吸引力、可靠性和专业度。
- 品牌考虑是指顾客在做出购买决策时是否将品牌列入购买的短名单。它的意义在于避免品牌出现"叫好不叫座"的情况。比如，罗永浩创立的锤子手机得益于优秀的品牌运作，获得了良好的市场认识和传播，每一次发布会都成为一个重大公关事件，但很多具有认知度的顾客却因为各种原因，没有将锤子手机列入购买名单中。

- 品牌优势是指品牌相对于竞争对手的独特性和差异化程度。比较竞争优势是经济学的重要逻辑，也是企业品牌资产成立的底层标准。

（5）品牌感受，即消费者在感性和情绪上对品牌的反应。品牌通过各种手段塑造顾客对于品牌的情感连接和反应，如温暖的、有趣的、可信赖的、有归属感的和自尊的。

（6）品牌共鸣，即顾客感受与品牌的同步程度，是建立品牌资产的至高目标和追求。它是在品牌显著度、功效、形象、判断和感受的基础上形成的最具强度和广度的品牌资产。

除了从顾客行为和认知的角度去衡量品牌资产，还有从整体的企业市场表现和财务的角度去衡量品牌资产的方法，大家有兴趣可以去延伸阅读。但需要注意的是，顾客行为和认知角度的品牌资产是市场表现和财务角度品牌资产的基础与来源，大家可以根据自身管理工作的需要去灵活运用各种品牌资产模型。

7.3 品牌资产的创建模型和路径

接下来我们介绍如何在顾客心智中形成品牌知识，从而建立品牌资产，以下四个点是需要重点关注的。

第一点，**品牌知识的主题化**。企业在进行一系列品牌知识构建活动时，不要把它当成一个个互不关联的活动。其实这些活动的主题都来自企业的核心价值。只有将品牌的核心价值和定位与具体的品牌工作相关联,才能持续、统一地创建品牌资产。

第二点,**品牌知识的体系化**。品牌一定要建立一个从有形到无形,再到感知的系统。比如,菲利普·科特勒在《营销革命3.0:从价值到价值观的营销》㊀中提到的从产品价值营销进入价值观的营销,指的就是,要注重顾客的心灵和价值观层面的需求,而不是简单地卖一个产品,或者虽然只含有简单的利益,但包裹着一层触动人心的外衣。

第三点,**品牌知识的IP化**。企业建立品牌知识的过程可以想象成制作一个文化产品的过程。比如,系列网剧、系列电影,甚至系列产品,采用的就是系列化、情节化甚至是拟人化的方式。又如,互联网行业盛行企业吉祥物,京东的小狗、腾讯的企鹅、小米的米兔等形象就是IP化的具体体现。企业以一个拟物的形象对外开展各种活动,大家就会把它看作一种行为了。

第四点,**品牌知识的社交货币化**。品牌知识要有利于大众的二次传播。因为在生活中,每个人都有自己传播的需要,但不是每个人都善于表达,尤其是以一种大家喜欢的方式去表达。比如,热播剧《甄嬛传》的台词很有特点,大家就模仿其台词风格恶搞出一套"甄嬛体"进行传播。又如,《芭芭拉小魔仙》是"95后"和"00后"的童年回忆,其中的台词

㊀ 菲利普·科特勒,何麻温·卡塔加雅,伊万·塞蒂亚万.营销革命3.0:从价值到价值观的营销[M].北京:机械工业出版社,2019.

"我可以"也成了Z世代的"社交锦鲤"。人们套用这些句式，可以创造一个个有意思的段子，在朋友圈中进行传播，他人看到后明白背后的原型其实就是《甄嬛传》，就是《芭芭拉小魔仙》。

建立品牌资产的要点就是做到品牌感知的个性化。品牌感知个性化可以简单地理解为，让消费者感知到品牌的个性化魅力。比如，空乘服务往往给人一种温和、礼貌的感觉，很多航空公司的空乘服务礼貌得千篇一律，但也有一些航空公司别出心裁，让人在感受礼貌的同时又被幽默、善意和新奇所打动。在飞机遇到颠簸时，大多数航空公司的空乘人员会播报："飞机现在遇到了强气流，正在剧烈颠簸，请大家系好安全带。"而另一些航空的空乘人员则会说："请大家系好安全带，机长正在着急回家。"在建立品牌资产的过程中，公司常常以一种会心幽默的方式建立一套特别的、具有个性魅力的体验，这就比简单而千篇一律的礼貌更让人印象深刻了。

最后，品牌感知是一种复合体验的建立过程。在建立品牌资产的过程中，企业要超越部门职能，即所谓的"一体化规划，分部门实施"。企业需要将品牌建设提升到战略高度，为各部门实施品牌建设明确一致的方向，这样才不至于使品牌被矮化或者简单化，沦为市场部的传播工具。

What Is Marketing

第四部分

创造顾客价值

What Is
Marketing

第 8 章

九死一生的挑战
开发新产品和新服务

每家公司都应该努力淘汰自己的产品,而且要抢在竞争对手这么做之前。

——菲利普·科特勒

故事　3M 的创新冒险和商业传奇

　　3M 公司的全称为明尼苏达矿业制造公司（Minnesota Mining and Manufacturing），总部设在美国明尼苏达州的圣保罗市，是世界著名的多元化科技跨国公司。3M 公司创建于 1902 年，百年来以每天 1.5 个新产品的速度开发出了 6 万多种创新产品。最知名的产品之一是在美国占据 90% 市场份额的防霾口罩，但基本没有投放过广告。

　　3M 公司最早是一个开采刚玉的矿业公司，计划将矿石卖给其他制造商生产砂轮，结果开采出的矿石是不适合做砂轮的钙长石，所以不得不放弃采矿业，用自己开采的砂矿制造砂纸，缓解财务困难。

　　1914 年，3M 公司的第一个独家产品 3M 研磨砂布诞生了，它两年后彻底还清了债务。

　　1920 年，3M 公司发明了一种干湿两用的防水砂纸——wetordry，它让汽车制造过程中的粉尘污染大幅降低。这是 3M 公司的第一个拳头产品。

　　不久，3M 公司的员工理查德·德鲁发现工人对喷漆时用于遮挡的胶带不满意，便研发出了3M公司的第二个里程碑式的产品——隔离胶带。后来，德鲁又在此基础上发明了如今随处可见的透明胶带。自此，3M公司像是爱上了这种让世人眼前一亮的成就感，开始疯狂研发新产品。

第二次世界大战时期，3M公司在给政府生产国防材料时发现，在塑料底板上覆上含有小玻璃珠的薄板，当汽车前灯照射在上面的时候，小玻璃珠起到了反射镜的作用，把强烈的光反射回来，引起司机的注意。3M公司借此生产出在交通领域被广泛应用的反光膜，跨入了图形标识产品领域。

此后，3M公司又发明了录音磁带和录像带。1954年，美国广播公司利用scotch磁带完成了第一次电视节目的录制。1960年，干银式胶卷问世，和它一同诞生的还有无碳纸、照相产品、保健产品和大量牙科产品，甚至桌游。80年代，3M公司推出了便利贴，这种起初被称为"临时书签"的产品，后来成为畅销全球、最受欢迎的办公用品之一。

此时的3M公司已经和创新这个词密不可分了，而这也得益于其公司的"15%规则"。威廉·麦克奈特（William L. Mcknight）被看作3M公司文化的塑造者，他鼓励实验，鼓励工作人员每周可以拿出15%的时间研究自己感兴趣的东西。大部分老板是不愿意让员工思考的。因此，在那个员工被当作机器人的年代，麦克奈特所推行的"15%规则"无疑是一个冒险，但他是个成功的冒险家。

2015年，3M公司全球销售额突破了300亿美元，其科学研究小组成员在次年申请了该公司第 10 万个发明专利。平均每两天就会开发出 3 种新产品，这就是 3M 公司成功的奥秘。靠着一个个不起眼的小东西，如便利贴、百洁布、ace 绷带、光学薄膜等，3M 公司缔造了自己的商业传奇。

8.1 为何要开发新产品和新服务

在详细介绍新产品开发前，我们首先有必要思考一下为什么要进行新产品和新服务的开发。新产品和新服务是相对于企业既有产品和服务而言的，"新"既可以是相对于企业自身的"新"，也可以是相对于企业所处行业的"新"。本书所谈的新产品和新服务是相对于企业本身既有产品组合的"新"。

推出新产品和新服务是企业获取有机增长、保持顾客相关性、陪伴顾客成长的重要手段。顾客和企业之间是一种动态关系，这种关系主要是通过产品和服务来维系的。企业只有不断地对顾客需求的变化做出调整，随着顾客生命周期的变化、随着市场的变化不断更新升级企业的产品，才能跟随顾客的成长而获得成长。一个企业的价值主要来自其顾客价值的总和。因此，与其说是企业要推出新产品和新服务，倒不如说是顾客生成的新需求触动了企业要满足顾客新增需求的动力。**新产品和新服务的驱动力来自新的市场、新的技术、新的工艺和新的应用场景**（见图 8-1）。

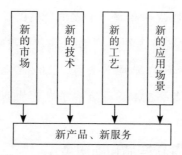

图 8-1　新产品和新服务的驱动力

对于公司而言，开发新产品和新服务几乎是不可避免的。企业的客户群体是代际更替的，不同代际之间都会发生不同的变化。比如，我们经常会说"90后"有怎样的偏好，"85后"又有什么样的特征，"70后"又有自己喜好的选择。这种说法实际上代表了不同世代的顾客在需求上的差异。随着时间的推移，"00后"也进入市场了。所以，做消费品的企业就势必要推出新产品和新服务，满足新顾客的需求。而且，这种新产品和新服务一定要针对存在差异化的新顾客，也一定要随着顾客的成长而不断衍生和展开。

比如，耐克过去的核心用户群是"70后"，"70后"往往是一类持未来时间观的人，他们为了更好的明天，可以忍受痛苦和不满意的今天，总体来说，他们是奋斗导向的。而正因为耐克的这群核心客户，使得耐克的广告语和产品设计都充满着对未来无限的憧憬。所以，在以"70后"为主要消费者的时代，耐克做得非常成功。

当进入以"90后"为主流消费人群的时代，形势就变了，如果类似耐克这样的成熟品牌依然墨守成规、老调重弹，可能就很难打动"90后"的心。"90后"认为未来是不确定的，而当下的幸福是最靠谱的。在这样一种心理格局下，"90后"不太容易被遥远的英雄、宏大的叙事、美好的未来等概念所感化和激励，如果耐克一股脑儿地宣传梦想、奋斗，"90后"会觉得这个品牌是在忽悠人。真正能打动"90后"的不是遥远的英雄，而应当是那些身边实实在在的人和事。真正能打动"90后"的是身边的"大神"，是那些在普通岗位上做出不平凡事情的人物，所以"90后"更愿意相信网友的评价，相信身边专业人士的推荐，而不相信品牌广告。你会看到"90后"穿361°的运动鞋，而不穿耐克鞋。因为361°的运动鞋很可能曾是他学校专业运动队的篮球运动员穿的鞋，他觉得这些人值得佩服，他们穿的鞋一定是靠谱的，他不相信广告而相信他们。传统品牌在这个时候就错过了大量的潜在核心客户。因此，如果要开发新产品，首先要明确：我们为什么要开发新产品？我们因为什么样的契机而有机会开发新产品？新产品和老产品的关系是什么？我们的新产品是服务于谁的？

"90后"看似对事情很不在乎，但实际上他们非常渴望能够打动他们的新产品和新服务。因为他们很孤独，他们不喜欢吹牛的产品，他们不喜欢产品做得太四平八稳，他们喜欢特征突出的产品，他们喜欢身边的大神，他们喜欢一些有明显弱点的明星。他们很可能崇拜一个长得不高也不帅但却是全校最会织毛衣的男生……他们喜欢具有独特特征、个性鲜明的事物。"90后"还喜欢那些可以帮助他们培养生活兴趣的品牌，喜欢能教给他们一技之长的品牌，喜欢那些可以帮助他们共同培养某种体验的品牌。比如，"90后"认为到了宜家不仅可以买到东西，还可以学会如何来设计和装饰一个狭小的空间，以获得家的温馨感觉。此外，他们还喜欢那些能够帮助他们发掘人生意义的品牌。

"90后"既幸运又不幸。"90后"丧失了像"50后""60后""70后"那般发掘人生意义的机会。过去发掘人生意义主要是通过旅行、探险、阅读的方式，但今天的"90后"一出生生活就相对富足了，他们鲜少经历过困难的时期。当他们的人生进入到需要发掘自我、了解自我、反思自我的阶段时，通常会通过旅行方式来进行。所以"90后"也会经常搞一场说走就走的旅行，几个好朋友一商量说走就走了。本来是一场"90后"发掘自我、反思自我的灵修之旅，结果几天回来之后发现每个人都胖了三五斤，成了一场订上机票、订上酒店、包了车的"腐败"旅行。对于"90后"来说，虽然很难找到发现人生意义的途径了，但他们仍有发现人生意义的需求。社会已经严重消费化了，甚至连登珠穆朗玛峰都已经高度消费化了，很难再找到一些未知和惊险的东西刺激他们进行自我反思了。如果这个时候，品牌能提供启发人生意义的发掘，"90后"就会爱上它。

对于一家要创造新产品、新服务、新品牌的公司而言，核心顾客已经从"70后"变为"90后"了。就像麦当劳每隔一段时间就要推出新产品组合一样，因为顾客群不断地在变化。所有品牌到了一定时候都会面临更新自我的问题，这种更新是一种品牌定位的进化，也是新产品、新服务的更新。产品、服务的起点和终点一定是顾客需求的产生与被满足。因此，企业要在深刻理解新兴消费者需求的大背景下再来考虑开发新产品和新服务的问题。

关于新产品和新服务的开发思路，企业通常可以参考四条路径：

- 洞察顾客场景和任务
- 洞察顾客的深度需求
- 关注奇异用户
- 跨界水平思维

8.2 洞察顾客场景和任务

新产品开发的第一个思路可以基于顾客的使用场景和任务来做。很多新需求往往是和新场景有关的，而这些新场景过去要么没被重视，要么没被满足。哈佛大学教授克莱顿·克里斯坦森（Clayton M. Christensen）曾经研究了一个案例：麦当劳的奶昔产品的开发过程。由于冰激凌是利润非常高的产品，毛利比炸鸡高不少，所以麦当劳有位高管就常年思索如何才能提升冰激凌的销量。冰激凌的口已经被弄得很大了，所以在冰激凌产品上很难再做文章。后来调查发现，很多人早晨买冰激凌后都是一边开车一边吃，但他们反映吃着吃着就掉在身上了，把衣服也弄脏了，或者冰激凌融化后顺着手流了下来，黏糊糊的，让人很不舒服。这种较差的用户体验导致本来消费者愿意买三个冰激凌，结果只买了一个。进一步调查后发现，这些人之所以要边开车边吃冰激凌，是因为他们把冰激凌作为早餐的选择，这样可以满足他们在路上快速吃早餐的需求，而现有的产品没能够很好地满足这种需求。基于这个发现，麦当劳就决定开发一种新产品。

新产品首先要食用起来方便，不会掉在手上；其次就是既要有冰激凌的美味口感，又要有点固体的东西，才能扛得住饿，而且还要吃起来方便，便于携带和处置。这个时候他们就开发出了奶昔产品，而消费者也认为奶昔健康，不会增加太多卡路里，营养均衡，所以非常愿意购买。这就是一个发现未满足需求的典型例子。

类似的情况还有很多，比如平时我们希望能坐下来认认真真地吃顿早餐，特别是西式早餐——牛奶泡麦片。但问题在于很多时候上班赶时间，消费者就需要一种能让他们赶着上班的同时就吃上的麦片。于是凯洛克公司发明了一款产品，叫作早餐谷物条。这款产品是用牛奶和各种谷物营养凝固而成的，可以一边走一边吃，很好地解决了上班族没时间吃早餐的困扰。所以，我们做新产品开发的第一个思路就来自于对场景的发掘。当然还有其他新的场景，比如过去我们要么是坐在课堂上学，要么是自己上网学，但今天有了动手学、实验学、混合学、讨论式地学，这些新兴的场景就催生了很多新的产品。可见，新场景其实是一个关注点，企业可以按照这个思路来做新产品和新服务的开发。

8.3　洞察顾客的深度需求

第二个思路是关注顾客的深度需求，就是要去关注那些顾客没有说出来但可以通过系统调查而发现的深度需求。这里强调的是深度需求，不是那些比较肤浅的需求。很多深度需求不是通过访谈发掘的，而是通过观察、做人类学日志发掘的。也就是说，要挖掘出顾客购买产品真正要解决的问题是什么，但问题解决的好与坏有时候顾客不会完整地表述出来。企业就要围绕顾客具体的问题、任务，推出新的产品和服务，并不断升级。

举一个医疗器械行业的例子。因为这个行业存在比较高的门槛，专业性较强，所以很多时候仅通过泛泛的访谈和问卷调查，很难发现客户对新产品不同于老产品的需求差异，而且就算发现了这种差异，也很容易被竞争对手模仿。真正驱动新产品开发的应该是某种深度任务的更好完成，比如医疗器械行业的心脏支架技术。

人的心脏血管会堵塞，堵塞到一定程度之后就可能会危及生命。所以医生需要在心脏血管内放支架，放支架就要用到球囊。放球囊是个很关键的技术，因为在手术时先要把球囊放进去，把心脏血管撑开后，再用支架来替换球囊。这个过程是决定手术成败的关键，所以院方迫切需要一款高质量的球囊以提高手术的成功率。但对医生和院长进行访谈后发现，大家说的内容其实都差不多，谁都说不出来个所以然来。于是球囊的生产商就开发了一种叫基于顾客所要解决问题的量化指标体系的工具，建立了一个商机模型。这个模型在帮助研究人员深度分析多个不同的角色、所要解决的问题以及现在这个产品所面临的核心痛点和重要性的基础上进行系统访谈，并最终形成一个综合量化指标。这听起来有点抽象，其实简单来说，就是要开发新款的球囊，先要调研做手术的医生，其次是调研麻醉师，因为他们决定了麻醉的时间长短，再次是调研参与手术的护士，因为在手术过程中，他们会做很多关于球囊的传递、准备等基础性工作。另外还要调研医院的院长，因为院长有采购的最终决策权。保险公司也要被调研，因为它们会决定这款产品的性能评判标准和价格……这就是说，整个使用球囊的过程中，相关人员都是需要被调研的。

但在调研的过程中，企业非常容易陷入一个误区，就是越是专家，他越倾向于给企业直接指出解决方案，比如手术的执刀医生会告诉企业：这个球囊应该弄小一点，或把它弄大一点，或把它弄硬一些，等等。这个时候医生说的不是问题和他想达到的效果，而是试图给你解决方案，此时企业就应当及时地制止他。因为企业目前阶段要做的是了解现在面临的问题和期望达到的效果，而不是要对方越俎代庖。制订解决方案是企业的事，因此，调研访谈过程中应当让受访的心血管医生谈一谈他现在面临的问题有哪些，问题的重要性如何，问题可不可以解决，等等。

在访谈结束后对他的发言进行结构化整理，调研人员会得出一些可以量化的指标值，再依据赋予的分数，通过一个经验性的方程式计算出商机值。综合每次访谈后得出的商机值，做一次加权平均。最后再按产品需要优先解决的一个或几个重要特性进行排序。打个比方，企业会发现球囊的光滑性是所有特征中商机值分值最高的，球囊的软硬度是所有分值中最低的，那企业就知道了要开发的球囊产品应该将重点放在什么样的产品特征上。

这就是一个非常系统的、经过实战印证过的开发复杂产品的调研方法。企业可以在实际工作中借鉴这种方法，它可以告诉企业如何来有效区分要达成的效果和解决方案之间的差别，以及企业抓取问题的效果，最后得到自己的解决方案。

8.4 关注奇异用户

第三个思路就是企业需要观察那些独特的顾客，也就是要关注用户中的奇异点。不少新产品开发思路、新使用方法并非来自营销人员自己的灵感，而是来自客户，一千个读者眼中有一千个哈姆雷特。企业可以通过观察特殊用户来激发新产品开发思路。

美国一家著名的快消品公司希望调研了解其用户的使用行为和满意度。其核心产品是一款杀灭蟑螂的喷雾杀虫剂。调研小组发现，绝大部分人一年以上才用完一瓶蟑螂喷雾剂，但有一名顾客竟然几个月用了好几瓶。公司营销总监对此非常感兴趣，并希望深入地了解一下。随后，营销总监和研究团队找到了这位消费者，是位独居的白人老太太，住在一栋别墅中。研究团队说明来意后，老太太回答说，其实她也没有怎么特别地使用，就是正常使用，她也不知道为什么会使用这么多。

他们聊了很久。这个时候突然一只蟑螂跑了过来，老太太就拿起喷雾剂直接盖头喷了下去，一阵烟雾后蟑螂从快跑变成了慢跑，但蟑螂仍旧在跑。老太太见状又是一阵喷，一阵烟雾后蟑螂已经从慢跑变成了匍匐前进，但还在移动。这个时候老太太怒不可遏地对蟑螂一阵猛喷，满屋子的人都快被熏晕了。之后蟑螂的肚子都翻了过来，终于安静地死去了。

看到这儿，研究团队基本上明白了她为什么会使用这么多瓶喷雾剂。因为通常情况下灭蟑螂喷雾剂喷到蟑螂后，蟑螂会找到一个没有人的地方安静地死去。但是老太太要的不是看着它安静地死去，而是要它死在当下，所以她就用了大量的喷雾让其立刻死去。但到此为止有个细节仍令人费解：老太太最后一喷的时候嘴里说了一个词，但明显不是一个 f

开头的脏字。当时,营销总监好奇,就问了问老太太。老太太说:"不好意思,我说的其实是我前夫的名字,我前夫跟别的女人跑了。"聊到这儿,研究团队就更能深刻理解为什么这位用户一个月会用好几瓶蟑螂喷雾剂了。因为这位老太太对蟑螂杀虫剂寄予了非常强烈的情感。

该公司研究团队回去后就商量着开发一款新产品,名字就叫作"死在当下"。这款产品两年之后上市了,现在是这家公司卖得最好的产品之一。这款产品的量只有普通产品的1/2,但价格和普通款一样,只不过新款配方里面增加了一些可以使蟑螂即时麻醉的制剂,造成了"死在当下"的视觉效果。这个例子启发我们:**要能够关注到顾客中最差异化的人、用量大的人、使用频繁的人、用在莫名其妙的方面的人,他们往往会带来一些新的关注差异点。**

8.5 跨界水平思维

第四个思路是跨界水平思维。传统产品开发的思路主要是对大行业、大市场不断进行市场细分,从而找到新的细分市场来开发新产品。但是在高度竞争的市场中,这种方式越来越难以奏效。因为很难再用垂直思维的方式不断细化市场了,也很难获得真正有价值的、足够大的市场空间来支持创新开发了,这个时候企业就应该使用水平思维。

水平思维的核心是一种跨界思维和跨品类的思维。也就是说，企业要跳出这个品类，与相关品类进行连接，实现跨品类的组合，从而开创一种全新的品类或产品形态。比如，巧克力市场经过了无限细分，但从这个市场出发，已经很难再找到差别创新点了。健达巧克力就跳了出来，让巧克力和玩具这个品类的产品进行组合，推出了健达巧克力蛋，从而得到一款以系列玩具为内涵的全新巧克力产品。这是个非常典型的水平营销案例。

另外，我们经常会把学历教育和技能培训看成是无关的东西，而一旦把它们组合起来，就能发现一种全新的教育培训产品，就是现在很流行的 MBA。MBA 实际上是把商业教育、商业培训理论，与企业管理的实际案例和情景相结合，最终变成了一种学以致用的、基于场景化案例知识的经理人培训打包实战学习项目。

如果企业发现自己的产品所在的某个品类非常拥挤，很难再做出创新，那么不妨跳出这个品类，与周边相关的品类进行结合，看看是否可以用水平思维开发一些全新的重磅炸弹式的产品。水平营销的具体方法和案例，读者可以延伸阅读菲利普·科特勒的《水平营销：突破性创意的探寻法》⊖这本书。

最后要提醒大家，企业提供给顾客的任何一个产品，其总体价值都包含了五个层面的价值（见图 8-2）。最核心层是

⊖ ［美］菲利普·科特勒（Philip Kotler），［西］费南多·德里亚斯迪贝斯（Fernando Trias de Bes）. 水平营销：突破性创意的探寻法 [M]. 北京：机械工业出版社，2019.

产品到底解决了顾客什么样的问题,我们也称其为**产品的核心利益诉求**。如果我们把五层利益画成一个圆圈图的话,这个圈就是位于最核心的那个圈。围绕着产品所需解决的核心问题,把我们定义的核心问题物化成产品,就构成了最核心的**基本产品**。

图 8-2　产品的五个层面

以星巴克为例。星巴克解决的是顾客鲜活的咖啡体验,而这种优质的咖啡体验的物化凝结就构成了其基本产品。而在基本产品之上的外圈就是我们提供的**期望型产品**,比如三层水过滤的咖啡,以及富有细节的和当地环境融合的空间设计都是星巴克在基本产品之上带来的品牌差异化体验,我们称这种产品为期望型产品。期望型产品再往外就是**附加型产品**,指的是星巴克在满足顾客基本的鲜活的咖啡体验之外带来的很多价值增值,使得它可以和其他的咖啡馆相区别。比如星巴克提供的商务环境、快速打印服务、第三空间功能等。

再往外就是**衍生型产品**了，如星巴克印花的杯子、星巴克的品牌输出之后在零售店卖的杯装咖啡等，这些产品表明星巴克咖啡已经脱离了星巴克这一零售空间而进入了商超领域。这就是最外圈的衍生型产品。

企业的产品和服务创新都是围绕这五个层次展开的。在竞争激烈的市场中，产品的很多差异化和创新都是发生在附加型产品上的。产品的核心功能并没有变化，但企业增加了很多附加功能，从而让产品显示出差异化，但是这种产品更多的只是一种升级。而真正全新的产品突破往往意味着彻底地更新产品核心价值，改变产品的核心功能。比如有一天星巴克提供的不再是鲜活的咖啡体验，而成了人文办公的共享办公空间，就意味着产品发生了革命性的变化。

What Is Marketing

第 9 章

爆品还是经典
制定产品策略

世界上只有两种产品:解决顾客问题的和创造全新体验的。

——菲利普·科特勒

故事　联合利华为什么从 1600 个品牌减少到 400 个品牌

早在 1999 年，联合利华（Unilever）就在全球大约 150 个国家开展了业务，并且拥有多达 1600 个品牌，是世界上最大的日用消费品公司之一。

联合利华为什么会拥有这么多品牌？原因是企业在快速扩张时，为了抓住更多机会，会不断延伸产品线，不断扩大资产负债表，不断增加品牌数量。

当企业处在平稳增长期或衰退期时，其拥有的很多品牌存在市场不足、定位模糊及维护成本高等致使企业品牌收益降低的问题。另外，当企业拥有的品牌数量过多时，就很难再保持专注。这时企业就有必要对品牌进行瘦身，要按照新的定位及新的顾客群重新精减、整合品牌，该卖的卖，该取消的取消，该转让的转让，该合并的合并。

联合利华正是这样践行的。为应对公司销售额和利润降低等问题，从 1999 年起，联合利华开始在全球实施剥离战略。联合利华进行了内部审计，发现 90% 以上的利润都是由集团的400个品牌创造的，而其他1200个品牌大多处于亏损或薄利状态。之后联合利华便开始采取一系列措施：首先，退出了非主营业务，专攻家庭及个人护理用品、食品及饮料等优势系列产品；其次，把旗下14个独立合资企业合并为4个控股公司，削减了计划建立的55家工厂，大幅减少了经营成本；最后，为了让公司将更多的精力集中在核心品牌而非亏损及薄利的品牌上，联合利华对旗下品牌进行了瘦身，最终在1600个品牌中精选并保留了400个核心品牌。一段时间以后，被保留下来的400个品牌均在市场上有相当强的竞争力。联合利华通过实施该项战略，品牌组合得到了优化，这样就可以将更多精力集中在被保留下来的400个品牌上，而释放后的资源为保留下来的优势品牌增加了竞争力和吸引力，核心品牌的销售额也显著提升。

9.1 什么是产品组合

几乎所有营销人员都梦想能打造出一个爆款，渴望用一个产品来打动所有人。可惜的是，这只是一场白日梦。因为即便有类似爆款存在，往往也只是一个系列产品中的一个引爆款而已，而如今仅靠一款产品通吃天下的梦想很难再实现。企业面对的是来自不同地域、有着不同需求及购买偏好的顾客，客观上就要求其必须在产品和服务端构建一个能够使多种产品有机结构化的组合，以便有效满足顾客需求，使公司收益最大化。因此，企业面临的一个重要问题就是：如何管理产品组合。那么，什么是产品组合呢？

企业决定生产或销售何种产品应当依据顾客的需求，有多少种顾客需求，就会有多少种不同的产品。随着一个产品的市场占有率不断提高，品类发展日渐成熟，所服务的顾客群体也越来越广泛。比如，宝马汽车最开始只有宝马3系这一款产品，而如今已从最高端的宝马7系，到宝马5系、6系、4系、2系、1系，之后又有了i3、i8、i6等细分产品。也就是说，由单一产品线演变到多个产品线，每个产品线下又设置多个子型号产品，而每个子型号下又拥有不同款式、不同颜色和不同排气量的车型。这一系列结构，就是我们所要说的产品组合。

产品组合的形成过程，是企业为了满足日益细分的顾客差异化需求，用一个组合来覆盖企业想要的所有细分市场的过程。我们可以将产品组合的演进过程理解为，对消费者细分市场变迁和消费者购买偏好变迁的一种回应。

为了更好地理解产品组合的概念，我们还需要了解几个相关的核心概念。

产品线宽度。如前所述，宝马车系从1系到7系，共分为7个产品线，"7"就是宝马车系的产品线宽度。再如，丰田汽车有皇冠、亚洲龙、花冠、凯美瑞等系列，我们既可以把每一个分系列车型理解成丰田汽车的子品牌，也可以将其理解成它的产品线。因此，**产品线宽度指的是一个品牌或是**

一个企业所拥有的独立产品线数量的总和。

产品线长度。对于产品线长度的概念，一个直观的理解就是产品的花样组合。比如，宝马车系的每一系下都有亚型号，宝马 1 系就按不同的排量、不同的动力、是纯柴油还是油电混合等不同属性，分成了 7 种不同的亚型号；宝马 3 系也分为 318、320、325、323 等。因此，**单一产品线下产品不同型号的组合就是产品线长度**。

产品线紧密度。**它指的是不同产品型号、不同产品花色之间的高度关联性**。这个关联性包含了产品属性的接近性、使用渠道的相邻性等内涵。关注产品紧密度的目的是企业的系列产品能够无缝隙地覆盖市场。若产品紧密度过低，企业就会漏掉很多空白市场，被竞争对手抢占先机；若产品紧密度过高，则会导致产品间的差异化不足，从而造成自身产品间相互蚕食的局面。比如，奔驰加长轴距的 e 级车已经开始蚕食奔驰 s 级车的市场份额；又如，很多药妆公司推出了一系列祛痘类、抗衰老类、彩妆类产品，由于产品相似度过高，消费者很难对这些产品进行区分和选择。所以企业对产品紧密度的把握至关重要，避免过犹不及。

9.2 产品组合管理的三个维度

产品—市场匹配决策：产品地图

当企业在做产品决策时，面临的是种类繁多的产品和细分市场，与此同时还要考虑产品线宽度、产品线长度、产品线紧密度等诸多因素，因而企业需要解决的是，如何在复杂的情况下清晰而准确地选择自己的产品，以便既能与竞争对手抗衡，又能恰到好处地满足顾客的需求。

产品地图是产品决策的有效辅助工具之一，该工具操作简便：按照产品在市场和产品品类中的主要特征，把本企业和竞争对手的产品线放在同一张地图上，再按照产品组合把它们划分成不同细小的空间（见图9-1）。

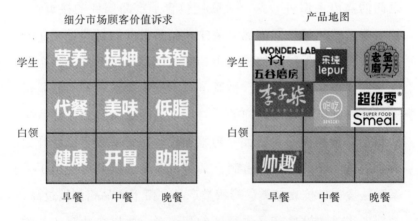

图 9-1 从顾客价值诉求到形成产品地图

比如护肤品市场，企业可以用护肤品的增白、保湿或淡斑等功效元素来构建一个二维空间，把本企业的产品及产品组合连同竞争对手的产品组合都放在这个二维空间里，就可能发现在具有某一功效的产品线中，本企业与竞争对手均没有产品，这就向企业产品决策释放出一个重要的信号。当然，也有可能发现某类产品上聚集了过量类似产品，即布局过密，以便企业审时度势，及时调整产品布局。因此，恰当使用产品地图能帮助企业有效地进行产品线宽度、长度和紧密度的决策。

在明确了产品地图可以帮助企业进行产品决策之后，我们可以从两个非常重要的视角来看待产品组合这一概念：产品间功能性视角和竞争中产品角色视角。

产品功能性的决策

按照产品的功能和价值定位，企业可以把产品组合分成以下四类。

基本产品：产品组合中最重要的核心产品。比如，每家化妆品公司都会有一款主销产品，这个产品会覆盖其核心客户所需要的基本功能，价格亲民，可被大众接受。

附加值产品：该种产品通常会伴随一些和产品功能相关的增值性服务。比如，星巴克除了提供基本的咖啡饮品服务之外，还会提供办公、会谈、音乐欣赏等增值性服务，是一个集学习、工作、生活于一身的第三空间。再如，卡特彼勒销售挖掘机的同时，还会提供机器维修、二手车处理等服务，这也属于附加值型产品类型。这类产品通过提供增值性服务的方式来更好地发挥产品的核心功能，也使客户以更低的成本、更高的效率享用企业的产品，同时降低了产品的使用门槛，扩大了企业产品服务的人群。所以，附加值产品往往会给企业带来新的价值和新的收入来源。

增强型产品： 与附加值产品相比，增强型产品并没有提供太多的附加价值，而是对基本产品的核心功能进行了放大和升级。比如，某款化妆品有基本的防晒功能，它的 SPF 指数可能是 15，而在一些特殊环境下，消费者可能需要一款 SPF 指数在 50 以上的防晒产品。再如，在进行冰面操作、泥沼地操作等特殊工程时，需要既具备强大平推力，又具备精细化操作功能的挖掘机，这种能够满足消费者极致化需求的产品就是增强型产品。

延伸型产品： 这类产品与企业的核心产品不直接相关，但与品牌、顾客及顾客关系的培养息息相关。比如，卡特彼勒的基本产品是挖掘机，附加值产品是再制造、金融、租赁金融、增值服务等，增强型产品是专用于冰面施工的大马力挖掘机，其延伸型产品则是卡特彼勒的靴子、俱乐部、防护衣和户外服装等。所以，卡特彼勒基本产品所具有的坚固、可靠、适宜户外作业的品牌特性是可以延伸到其他品类的，如服装、鞋帽、户外用品等。这也是宝马有自己的服装产品、保时捷有自己的手机和眼镜产品的原因，这些都属于品牌的延伸型产品。

延伸型产品往往来自品牌核心理念和品牌核心感召力。这种感召力的延展会增加顾客对于企业品牌的亲近感，为使用及复购周期较长的耐用型产品提供了更多的顾客接触和品牌深化的机会。卡特彼勒产品的使用者基本来自 2B 领域，且复购周期较长,因此卡特彼勒想要扩大品牌影响力、增加潜在客户量,就必须把目标锁定在那些虽然没有直接使用过该产品但对购买该品牌产品有直接影响的顾客群体。一家施工企业要购买卡特彼勒的产品,真正的决策者可能是老板或业务技术部门,然而客户的会计、老板的孩子、周边的朋友可能没有机会接触到卡特彼勒,但是通过该品牌的延伸型产品,可以使更多人了解卡特彼勒的品牌精神,从而营造出广泛的影响力,并创造更多交流接触的机会,这便是延伸型产品的价值。

产品结构的决策

产品管理的一个重要决策是决定产品在竞争中所扮演的角色。我们不妨假设一个飞机型的产品组合(见图9-2):飞机头部分叫作头部产品,两翼部分叫两翼型产品,机身部分就是机身型产品,尾翼部分就是尾部产品。

图 9-2 飞机型产品组合

头部产品,往往是产品组合中价格最高、功能最强大、品牌形象最高端的那部分，其主要使命是定义、代表企业的品牌形象，并给企业总体品牌产品的价格、使用场景和诉求做一个总体定位。比如，iPhone Pro、华为 Mate 30、三星 S20 Ultra、宝马 i8 就属于典型的头部产品，它们的产能和销量都不会很大，但消费者可能正是通过 iPhone Pro、宝马 i8 等才知道了该品类的系列产品。

机身型产品，即主销产品，该产品是企业的主要销量来源和利润来源，类似于前文所述的核心产品和基本产品，满足了市场中最主要及最重要客户的需求。比如，对宝马公司来说，宝马 3 系就是其机身型产品。

两翼型产品，是为了应对竞争而开发的产品，起到保护的作用。比如，企业在上架主销产品时，会面临竞争对手在同一时段推出低价产品的棘手问题，致使主销产品价格体系崩溃。此时，企业可推出低价产品，用以对抗或钳制竞争对手，也可推出一些特殊功能产品来应对特殊场合和事件。所以，两翼就是用来竞争、钳制，或是用来占领经销商和顾客的货架空间，并且企业可在该空间上布置多类型产品，具有灵活多变的优势特征。

尾部产品，就是企业的储备产品，是企业针对下一代产品的储备而开发的，所以它更多是一种角色性的产品。

企业会有承担不同角色的产品：有引领品牌的，有获取利润的，有应对竞争的，有打击低价的，有占领经销商货架空间的，等等，从而形成产品组合。

9.3　产品组合管理

消费者多样化的需求要求企业必须推出多样的产品。但是在产品组合管理中，企业比较容易陷入一个误区：拥有过多的产品品牌。比如，联合利华的品牌数最多的时候达到9000多个，而且每个品牌之下又有不同的产品。但这9000多个品牌中，贡献90%利润的品牌产品还不到80个。这时最英明的决策就是：**砍掉那些无效的东西**。

这就会形成一个很有意思的现象：在市场高速增长时，品牌经理、营销总监都会申请很多资源，拼命推出新品牌，恨不得使每一个细分市场都有产品分布，不愿放过任何一个填满产品地图的机会，导致在市场经济较好时，品牌大爆发，产品线也大爆发。这也是联合利华拥有9000多个品牌，以及通用汽车、福特汽车拥有上百个品牌的原因。然而，当陷入经济形势下滑、市场增长乏力或消费需求停滞的状态时，企业更多的是要做减法。削减品牌数，把有限的资源聚焦到几个重要的产品品牌上去。

可口可乐的品类和品牌管理堪称经典。在碳酸饮料市场上，可口可乐的主销产品始终是红罐可口可乐，虽然经历了漫长的时间考验，却始终没有盲目跟风搞多元化。也正是由于这种良好的品类管理，其忠实顾客随之成长，其品牌资产也稳步提升。产品过度多元化会稀释并冲淡消费者对主品牌的认知。因此，可口可乐的品牌设计睿智且谨慎，以红罐包装为核心、经典,并将关于家庭与幸福的诉求等核心价值观紧密融入其主打产品中,进而有效且谨慎地延展其产品线。比如,开发低卡路里市场,推出低糖可乐系列;针对新兴的非碳酸饮料市场相应推出了果汁系列、混合型果汁系列和饮用水系列等。

  产品组合的管理还需注意到,如果产品线过窄或者产品线长度不够,就可能丧失很多新的机遇。对于苹果公司来说,一直存在是否应采取每次只发布一款产品的策略争议。苹果公司的品牌十分强大,且拥有众多细分市场,是否有必要延展产品线宽度?是否有必要增加产品线长度?是否有必要提升产品线紧密度?读者不妨观察苹果公司最近的产品发布情况,再预测一下苹果公司明年的产品发布情况,相信定会是一个有趣的思考。

What Is Marketing

第 10 章

难忘的旅程

设计和管理服务

故事　北欧航空公司：
优质的服务如何转变成高额的利润

有一位名叫鲁迪·彼得斯的美国商人，曾下榻在斯德哥尔摩的格兰德饭店。这一天，他要前往城北的阿尔兰达机场，搭乘北欧航空公司（Scandinavian Airlines Systems，简称"北欧航空"）的航班赶往哥本哈根。可是当他到达机场时，却发现把机票落在了饭店里。那个时候，没有机票就等于无法登机。而由于当日这一航线的航班只有一趟，彼得斯心想他肯定要错过哥本哈根的商务会谈了。

当他未抱任何希望地将情形告知机场工作人员时，却得到了令人惊喜的答复："不用担心，彼得斯先生。这是您的登机卡，里面有一张临时机票，请您把格兰德饭店的房间号及哥本哈根的通信地址告诉我，其余的事情都交给我来办。"彼得斯在大厅候机期间，机场工作人员立刻联系饭店工作人员，并且派人取回机票。由于行动迅速，机票在飞机起飞前送到了。当空乘人员走近彼得斯的座位，对他说"彼得斯先生，这是您的机票"时，不难想象，彼得斯脸上的表情有多么惊讶！

如果你打算乘坐北欧航空的飞机从北京直飞斯德哥尔摩,你会发现为你服务的空乘是中国人,飞机上的航空读物也都是中文版,到达斯德哥尔摩机场后,中文标示牌随处可见,让你毫无陌生感。此外,在北欧航空的中文网站上,中国乘客还可以方便地预订优惠机票。这是北欧航空大中华区针对中国客户推出的一系列新举措。

很难想象,以上两个案例中的北欧航空在1981年已经连续两年承受了金额巨大的亏损。詹·卡尔森(Jan Carlzon)在这种情况下临危授命,出任北欧航空CEO。到北欧航空之后,詹·卡尔森发现当时北欧航空的成本已经被压缩到最低,唯一能够采取的扭亏为盈的措施就是增大商务乘客的比例。因为商务乘客一定会保持较高的出行频率,而对他们而言,最重要的是便利而非价格。只要能够提供优良的服务,他们就会乐意乘坐并可能购买全价票。

在把商务乘客确定为目标客户群体之后,北欧航空便把"这是否有助于提高对商务乘客的服务水平"作为一切决策的黄金标准。也正是在这个阶段,他提出了MOT(moment of truth,真实瞬间或关键时刻)的概念,让所有客户在和北欧航空接触的每一个MOT上都满意。这既是全体员工的目标,也是北欧航空依靠服务取胜的关键。

面对客户,北欧航空的所有举措均以需求为导向。商务旅客在选择航空公司时,最看重的是时刻表,因此航班安排应该紧密、方便且准时。针对目标客户,北欧航空推出了专门的欧陆客舱服务、保障航班准点的新流程，与飞机制造商共同选定机型中的座位分布，以提高商务旅客的舒适度。

面对员工，为保证这些关键业务流程的有效实施，詹·卡尔森采取了扁平化的管理结构，放权给直接服务客户的一线人员。果不其然，在更改了KPI指标后，客户满意度直线攀升，MOT也随之被称为北欧航空的制胜法宝。

10.1 客户体验的MOT

MOT是真实瞬间或关键时刻的意思，指的是**消费者在与企业接触的过程中对品牌、服务和产品产生强烈感知的时刻**。

如果你去过海底捞就餐，可能会感觉到它的很多关键时刻与其他餐厅是不一样的。比如在等位时，可以享受美甲服务；在使用洗手间时，可以看杂志。如果你想和千里之外的亲人一起用餐，海底捞还可以提供远程视频服务。以上种种特质就是真实瞬间。这些真实瞬间可能都是让你在用餐过程中感到兴奋的地方。比如，你在世界旅行过程中使用爱彼迎（Airbnb），对其中一些服务环节记忆犹新，那些真实瞬间会让你忍不住发朋友圈。只要企业把这些真实瞬间一一落实，通过系统的规划给顾客带来独特的、难忘的体验，就能创造良好的顾客满意度。

10.2　互联网行业的客户体验管理案例：美捷步

美捷步（Zappos）公司是一家利用网络销售鞋子的电子商务公司，1999年创立于美国。这家公司也被人称为"三双鞋"公司，该名字源于这家公司的一个服务条款，鼓励客户一次性订购三种不同的鞋子。因为消费者经常有这样一种体验：在网上买鞋时，发现这个好看，那个也喜欢，但由于线上不方便试穿，所以常常会有选择困难症。美捷步发现消费者的这一痛点后，干脆寄三双鞋，让消费者可以亲身试穿，并和自己的衣着进行搭配，最后把不合适的鞋子再退回来，这一切都是免费的。作为客户，可以不用承担任何风险就选到最适合自己的鞋子。所以，美捷步的这种策略就被称为"三双鞋"策略。

一个服务条款最后变成了公司的名称或者代言，说明这家公司视口碑如生命，而不是像很多电子商务公司一样在买流量、做广告。美捷步把核心竞争力的打造都聚焦在客户服务和客户体验上，让忠实的客户做免费的宣传广告，以建立持续交易的基础。这就像是播下了用户种子，一步一步地扩散到更广泛的市场。美捷步有一个口号很有意思——超出所有客户的期望，要服务到客户绝望为止。这家公司最大的利润来源就是消费者对它提供的服务高度满意，同时愿意推荐给更多的客户。

接下来我们仔细看看它的服务法则，相信会颇有启发。

- 服务法则一：如果客户订购的鞋子已经销售完了，美捷步鼓励它的服务人员至少在三个以上的同类网站，甚至是竞争对手的网站中寻找信息，并将其反馈给客户。你可能会觉得奇怪：为什么要帮竞争对手卖货？道理很简单，对美捷步来说，它们的目标没有竞争对手，只有客户。把客户服务好是它唯一的核心价值。
- 服务法则二：降低客户购买时的决策难度。比如，客户浏览一双鞋子的信息时，美捷步会提供8个不同的角度来展示商品，以帮助客户更好地了解他拟选购的商品。
- 服务法则三：让交易越简单越好。对于那些犹豫不决的客户，美捷步承诺在购买商品的365天内都可以退货。换句话说，甚至可以将商品用一年再退货，退货费也由公司承担，这种情况似乎很难想象。

由此看来，电子商务公司的成本结构是有优化空间的，完全可以把买流量、做宣传、请代言、做公关的费用花在补贴客户上，把用户体验做到极致，来换取用户的忠诚度。所以，美捷步认为自己不是一家电子商务公司，也不是销售鞋子的公司，而是一家提供客户极致体验的公司。甚至它的创始人兼CEO谢家华也认为，客户服务不应仅仅是一个部门的职责，公司全体员工都应当为客户服务。

相反，很多电子商务公司不与客户接触，被客户投诉后才组建一个电话服务中心。美捷步公司也有电话服务中心，并且是它的核心运营部门，但是美捷步却把电话服务中心叫作客户忠诚小组。

它的电话服务中心的运作模式是：第一条，每周七天，提供24小时电话服务。第二条，不考核电话服务的通话时长。对于这一点，很多电子商务公司和银行都会设置考核，希望尽快地将客户服务好，但美捷步公司不考核。第三条，决不向客户电话推销，也就是不做电话销售。第四条，考核电话服务中心的员工能否达到甚至超越客户的期望，这是它关注的核心要素。它关心的是，通过与客户的一番接触，是否迅速地了解了客户的期望，是否迅速地达到甚至超越客户的期望。还有一条准则，是鼓励员工在每次通话的过程中发挥自己的个性，与客户建立情感联系。

反观一些电子商务平台，其服务是高度标准化的。标准化服务存在的问题就是，客户很难感受到公司的温度，而温度在客户体验中至关重要。美捷步把每一次与客户的通话都视为建立服务品牌的宝贵机会，充分利用客户投诉的机会，每一次都尽力化解。处理投诉的费用只占市场成本的很小一部分，公司真正看重的是通过服务来建立品牌。

最后一条是向每个人——不只是客户——提供最好的服务。美捷步的极致客户体验之所以能成功，是因为公司对员工很好，对供应商也很好。只有先善待员工，员工才能把他们所感知到的极致体验提供给他们的客户。现在很多公司无法做到极致客户体验的原因在于，员工自身对企业就不满意。众多杰出服务公司的案例告诉我们：独特服务体验的背后一定要有独特的价值观和企业文化来支撑。

美捷步公司自 1999 年上线以来，成为全美乃至全球最大的鞋类网站，后来以 8.5 亿美元卖给了亚马逊。美捷步公司从诸多电商中脱颖而出的核心要素就是有一帮支持它的粉丝客户。美捷步也成为互联网领域创造客户体验的典范。

10.3　传统行业的客户体验管理案例：深圳航空

经常搭乘航班的人肯定对航空公司有很多感触。航空公司可以有很多改善的空间，有时在某个点上的细微改善，就可以获得很强的竞争力。比如，航班晚点是很多乘客的痛点，此外，还有乘客记错航站楼等意外事件。这些接触点都是可以进行系统性改善的。

深圳航空公司（简称"深航"）就在一些接触点上尝试过改善，并收到了不错的效果。比如，当飞机降落时会产生短暂的失衡，很多乘客会感到紧张，深航通过分发糖果让他们保持平静的心态。大多数航空公司提供的餐饮服务比较简单，往往是一顿饭或者是一杯饮料，但深航却做出了差异化。它首先进行了人群分析，如贵州、湖南、湖北地区的人通常爱吃辣，所以它在提供传统餐饮服务时，会准备一份辣酱，喜欢吃辣的乘客就会欣然享用。这就是接触点上的创新。将这些接触点创新一个个打造出来后，再进行固化和情景化，通过系统整合，就能让客户体验差异化。

是不是接触点做得越多，越面面俱到，客户就会越满意，效果就越好呢？事实并非如此。因为客户的满意度永远是被超越的。一旦企业改进了产品，使得客户满意度上升后，他们的期望就会升高。比如在电影《非诚勿扰》中，舒淇饰演一位空姐。如果所有消费者都以舒淇的标准来要求航空公司的空姐，这背后的成本会很高。如果你住过五星级酒店，再去住经济型酒店，你可能会对它的设施不满意，觉得太陈旧、太简单了，一定希望设备升级、环境改善。但是作为酒店经营者，如果升级设施和改善环境，就必须付出成本，势必会相应地提高价格，而价格的提高未必是其目标客户愿意支付的。

企业在设计客户体验时，需要找到一个核心，哪些地方应该超越，哪些地方应该保留，**其判断标准都要回归到产品的品牌定位及核心价值上**。

10.4 客户体验管理的内涵

如果你仔细观察过星巴克和麦当劳的点餐排队，会发现它们不太一样。除受到环境限制之外，一般星巴克的排队是横向的，而麦当劳的排队是纵向的，这就体现了品牌和定位的差异。

星巴克强调的是社交氛围,它的功能已经远远超出了售卖咖啡产品,成为人们社交的场所。横向排队时,顾客和顾客之间容易产生交流,这样可以缓解因排队带来的焦虑感。在排队的过程中,顾客还可以看见咖啡机运转、制作咖啡的工序,会因此而产生一种被服务的感觉,觉得这杯咖啡值这个价钱。

麦当劳的品牌定位是快餐,它的核心要素是"快",它的营业场所营造的是便捷、快速的氛围。麦当劳快节奏的音乐都会让前去用餐的顾客心跳加速,用餐速度也随之加快。因为纵向排队,顾客与顾客之间不会正面接触,在排队等候时只能看见别人的后脑勺,很容易产生焦虑感。你可能会觉得前面的人太慢了,轮到你点餐时,你也会加快速度,不然后面的人就会不耐烦。所以,这个体验是围绕麦当劳的速度和效率来设定的。

再比如,迪士尼的游客队伍是弯曲的,因为迪士尼平均每个项目的等待时间约为50分钟,如果采用横向排队或者纵向排队,队伍会拉得很长,很容易引起焦虑感。而弯曲的队形会让人产生一种错觉——终点马上就到了,也就降低了等待的焦虑感。机场打出租车时弯曲的队伍,背后也是相同的道理。

通过以上几个案例,可以得出几个结论:第一,客户体验在今天尤为重要,不仅直接面对客户的传统企业应当重视,就连差异化极小的电子商务公司,都可以通过客户体验管理异军突起。第二,客户体验管理的基本内涵就是找到客户和企业之间有交集的接触点,围绕品牌的定位和客户的核心价值,有针对性地选择重要的方面,将其做到最好。

10.5　客户体验管理的工具:客户旅程地图

究竟什么是客户体验管理呢?营销学家伯尔尼·施密特(Bernd H. Schmitt)教授在《客户体验管理》中是这样定义的:客户体验管理是以提高客户整体体验为出发点,注重公司与客户的每一次接触,通过协调整合售前、售中、售后各个阶段和客户的接触,无缝隙地为客户传递信息,创造与品牌承诺相匹配的流畅体验,以实现良好的互动。

这个定义听起来比较抽象,但可以将其还原成一个整体的设计过程。我们可以使用一种叫作**"客户旅程地图"**(customer journey map)的工具,将企业与客户间的交互通过旅程地图的方式还原出来,这是至关重要的一步。客户旅程地图记载了客户的所有经历,如客户和企业的初次接触,到后来形成交互型感受,最后到形成长期关系。

以星巴克为例。客户进入星巴克咖啡店时,首先看到的是店面的位置和外观,进门后会观察到店内的装修风格,然后排队点餐、取咖啡,接着找座位落座喝咖啡,最后离开。我们可以按照时间顺序绘制一张客户旅程地图。首先必须梳理出旅程地图的关键节点：进入咖啡店、观察店内环境、排队买咖啡、找座位坐下喝咖啡、离开……然后进行评估。可以询问客户在每个节点的体验得分，将其制成量表，最后把这些样本进行归总，就能大致了解目标客户在哪些环节上满意，在哪些环节上不满意。它们在接触点上的真实瞬间是超出预期的，还是符合预期的，抑或是低于预期的，从图 10-1 中便一目了然。

这个图还可以延展。因为星巴克和客户的接触除了在店内，还可以在店外。比如将广告位放在什么地方，在线上的什么场景中出现，植入哪个电视节目，等等。市场营销部门先找出这些接触点，再和客户部门、产品部门、运营部门等进行系统的建构，让以客户为中心的系统最终落地。

酒店行业通常就是按照客户旅程地图来寻找客户体验的关键接触点的。比如，客户入住酒店常常有几个痛点。第一，办理入住手续的排队时间太长；第二，办理退房手续的排队时间同样很长，而且开具发票太慢。针对入住手续烦琐的痛点，有的酒店会向核心客户发放会员卡或者金卡，会员用户可以在任何地方办理入住手续；有的五星级酒店甚至可以在房间里办理入住手续。针对退房手续烦琐的痛点，携程推出了闪住服务，即在携程中一键支付，退房时只需将房卡放在酒店前台的退房盒子里就可以了。酒店查完房后，直接通过携程从微信账户或者授权的信用卡中扣款，非常省事。

第10章 难忘的旅程：设计和管理服务 185

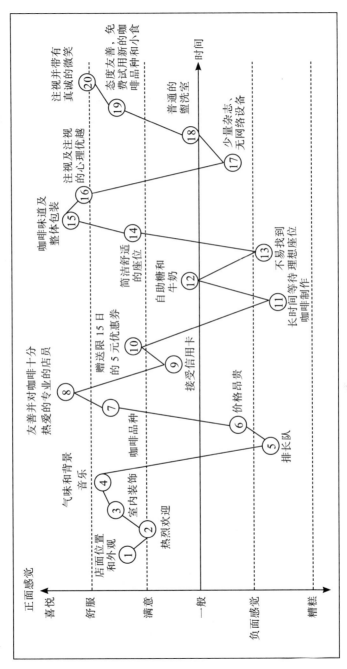

图 10-1 星巴克客户旅程地图

万豪集团专门花费了 500 万美元针对其高端商旅客户做了一项研究，了解他们到一个新的城市入住酒店后有什么需求痛点，如有的客户会询问酒店前台周边有什么地方特色小吃，有什么地方可以购物，等等。万豪对此做了一个改善，当 VIP 客户入住时，电视屏幕会自动打开，不仅会显示欢迎信息，还会显示周边的商务资源、旅游资源、租车服务、夜景推荐、特色小吃等。以上都是利用客户旅程地图进行客户体验管理的例子。

What Is Marketing

第 11 章

价格和价值的博弈
定价的策略

不要价格战,要价值战!

——菲利普·科特勒

故事　联邦快递的价值战

美国凯洛格商学院迪帕克·杰恩（Dipak Jain）教授曾经讲述了一个颇具启发性的案例：美国邮政服务（USPS，简称"美国邮政"）试图以低价进攻联邦快递（FedEx）的核心商务邮件市场，而联邦快递只通过一个"三明治"计划，便巧妙地瓦解了美国邮政服务来势汹汹的进攻。

美国邮政成立于1775年，是美国著名的老牌快递及物流服务公司，同时还是隶属于美国联邦政府的独立机构。联邦快递则是1971年成立的新进入者，为了与美国邮政服务竞争，联邦快递面向商务邮件市场推出了一个新服务——隔夜送达，价格透明，统一为12美元。产品一经推出，便大受欢迎。看到联邦快递的成功，美国邮政服务也打起了这块蛋糕的主意，随即推出一款名为Express Mail的产品，定价为8.95美元。

联邦快递并没有像大多数公司一样简单地采取降价策略来应对。因为它知道，价格不仅仅是数字那么简单，其背后代表着客户对产品价值的判断。因此，联邦快递迅速调整了产品和定价策略。

产品策略的关键就是清晰定义快件的送达时间。之前联邦快递的"隔夜送达"服务没有明确提及邮件的具体送达时间,因此联邦快递进一步明确了隔夜送达的定义:当天收件,第二天可以选择上午或者下午送达。同时,联邦快递把原来的服务拆分成两种产品:"优先件"和"标准件",优先件意味着第二天上午可以送达,而标准件只能第二天下午送达。另外,联邦快递对这两种新产品的定价也做了区隔,优先件从原来的12美元调整为13美元,而标准件则降到了9美元。虽然标准件比美国邮政还贵0.05美元,但是一方面商务客户不会在意这么小的差价,另一方面联邦快递的标准件明确了收件时间,从这个角度来说,比第二天随机时间送货的美国邮政服务更划算。联邦快递的做法有效地把美国邮政服务的产品"夹"在了其两种产品之间,形成了一个价格"三明治"(见图11-1)。

图 11-1 价格"三明治"

这样的策略背后是对客户价值的深刻洞察:如果客户一

大早同时看到一个标注有"优先件"和其他若干个未标注的普通邮件,会更倾向于先拆开哪个?对于那些与客户频繁来往的服务机构或者企业而言,"优先件"对客户来说意味着在合作伙伴心中具有重要地位。像高盛(Goldman Sachs)和摩根大通(JP Morgan Chase)这样的公司就很乐意为这项服务买单。结果,绝大多数联邦快递的客户不仅没有被低价服务吸引走,反而升级选择13美元的"优先服务"!

在这次竞争中,联邦快递改变了竞争的核心焦点:把价格竞争变成了价值竞争,为客户提供了额外的利益。当然,这背后离不开联邦快递对追踪、分拣技术设备的投入以及联邦快递的品牌影响力。

11.1 定价及其功能

定价决策是营销中非常惊险的一环。企业所有的策划、产品设计、渠道设计和创意性品牌传播的有效性都要通过定价来体现。正如马克思所说,从以货易货到货币交易是惊险的跳跃。营销的好坏、成败最终将反映在价格和利润上。产品定价是一种战略性决策,它决定了企业的盈利能力,也反映了企业的营销战略。

定价是市场价值的发现过程。谈到价格,首先应该明白价格除了是实现交易的一种交换数量值以外,其本身还具备暗示性等功能。比如通过市场价格,消费者便可判断产品的质量。价格本身就是产品质量的指示器，特别是在一些高度不确定、信息极度不对称的重大产品购买过程中，价格就会成为价值的指示器。

定价是一种营销策略。在一些行业中，产品是免费提供的，这时免费就成了一种非常重要的策略，那种看似免费、看似为零的定价背后实际包含了许多转移性支付。

定价的形式多种多样。在一些领域，产品价格可以分成**两部分：基本性产品价格和基于动态变动的耗材价格**，此时消费者面临的组合就非常多样化。还有一些领域，价格是以系列的形式出现的：有建议零售价、实际零售价、打折后价格等多种形式，在特定情境下，某些价格会扮演着主要的作用。

因此，定价既是一门战略、一项技术活，也是一门艺术。当然，对于企业来说最完美、最理想的定价状态就是拥有产品的市场定价权。但在绝大多数行业中，企业都没有定价权，或者说只有限的定价权。**对定价权的争夺，是企业做营销、打造品牌的一个重要目标**。

11.2 产品定价的五大方法

定价方法是一个和定价权息息相关的概念。这里我们简单介绍产品定价的五大方法。

随行就市定价法

在不存在拥有定价权企业的竞争性领域中，产品价格就

是市场平均价格，即随行就市定价。企业跻身于这样没有差异化的市场中是非常痛苦的。比如，在典型的大豆市场、钢材市场、猪肉市场、粮食市场中，由于产品的同质化程度较高，因此价格的决定因素不是产品本身，而是供求关系。当处在经济学供给和需求曲线交叉的均衡水平时（见图11-2），定价策略就是宏观经济学策略，而企业真正要研究的不是产品的定价，而是宏观经济学的走势——需求和供给趋势。所以在大众商品领域，由于个体没有独立定价权，企业基本上都会聘请宏观经济学家帮助它们预测价格，这时营销的作用就不大了。

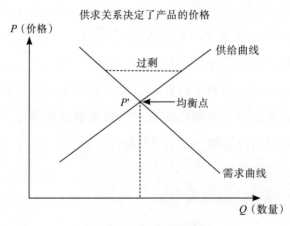

图 11-2　供给和需求曲线

成本加成定价法

在拥有一定定价权的市场中，企业的营销和品牌就会开始发挥作用。**企业按产品单位成本加上一定比例的利润制定产品价格的方法，叫作成本加成定价法**。

比如，公关服务行业的报价基本上就是发新闻稿的费用、公关活动的费用再加上固定的服务费。在这样的环境中，企业的报价是公开透明的，顾客享有一定的谈判权。对整个供应商来说，议价权的大小就在于收取服务费的多少。有些公司可以收到10%，而有些公司可以收到15%，这个差异往往反映的就是品牌价值的差异。

品牌价值在某种程度上就是定价权的变现能力。通常来说，一个产品究竟有没有形成品牌，不是看它是否有知名度，而是看是否具有品牌价值。品牌价值一定会反映在定价上，如果单件产品价格和竞争对手一样，甚至比竞争对手卖得还要便宜，那就是没有品牌价值的体现。所谓的品牌不过是个注册商标而已。如果生产出的每个产品都能比竞争对手多卖1元钱，一年销量300万的话，就能产生300万元的品牌价值收益，这就是品牌价值带给我们的最直观的感受。真正的品牌一定是有定价权且消费者愿意支付的。

撇脂定价法

撇脂定价法又叫产品生命周期定价法，就是根据产品和品牌影响力在不同时间节点的接受度的不同而采取不同的定价方式，其品牌价值更大。索尼PS2刚刚上市时的定价是非常高的，但当PS4上市，PS2的价格就迅速降低。为了塑造高价值形象并带动整个产品线升级,在新款产品刚上市时,企业会将产品价格定得很高,之后当新款产品逐渐成为标准产品时,价格就会降下来(见图11-3)。这种做法类似于把牛奶上面那层奶油先撇掉,这就是撇脂定价法的形象化理解。撇的是那些市场上不差钱,但追求新奇、喜欢优先尝鲜的顾客。

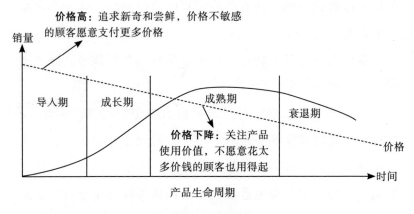

图 11-3 撇脂定价法

第一个买 PS2 的人一定是个重量级玩家,他愿意支付更多的钱去买最新款产品;加价都要买 iPhone XS Max 的人,也是撇脂定价法首先要争取的那部分人。撇脂定价的过程就是随着产品品类的不断成熟,让那些不愿意花太多钱的后来者同样能享用得起这款产品,所以这是一个基于产品生命周期的定价过程。

这样的定价方法不但可以保证企业在产品需求增长且有

较好的成长性时获得最好的销售价格，而且在产品进入缓慢增长甚至衰退期时，也同样可获取最大利润。企业要明白，在产品刚上市时，价格虽然卖得很高，但研发成本分摊之后利润所剩无几；当产品进入销售后期，虽然价格和销量降低了，但产品的研发成本、生产成本降低，良品率提升，成本分摊完后仍然有很高的毛利存在。因此，企业真正开始赚钱的阶段往往不是在市场快速成长时期，而是在市场进入平稳期或衰退期的时候。

差异性定价法

差异性定价法也叫歧视性定价法，是依据不同顾客、不同使用经验和不同交易关系来定价的一种方法。

企业根据产品使用的紧急程度、分销渠道和顾客专业能力的不同，把价格分成一个个的动态组合。比如，平时卖100元的零件，在紧急救援情况下可能会卖到120元；再如，公交公司因为有着强大的长期采购能力和议价能力，他们愿意为客车支付的价格就比较低，但如果是某个工矿企业的办公室主任需要购买一辆客车，愿意支付的购买价款可能就会很高。

当顾客需要买汽车保险时，保险公司通常会根据顾客的驾车行为、驾龄、事故比例、行车路线为其量身定价。所以，同样的保险、同样的车险、同样的条款，可能支付价格却不一样。因此，保险公司常常会给顾客赠送一些免费服务，这实际上就是保险公司的一种风险定价判断机制。这与飞机同等舱位票价却不同是一个道理。航空公司通常会根据客舱拥挤程度、航线需求、调配飞机的难易程度等因素来综合地、动态地为每个座位制定价格，这对航空公司来说是一项必备的重要能力，它叫作收益管理。

说到底，**差异性定价是一种基于数据、基于行为的高度市场细分的动态组合定价**。这种定价能使公司收益最大化，也能最好地奖励顾客的优质行为，但同时，企业需要大量的数据去构建模型，从而分析数据并制定定价策略。很多企业，特别是做持续性交易的企业都在开发这样的能力，努力积累大量的用户数据进行更加精准的定价，期待能够形成一个实时、动态的定价调整模式，正如数字化营销中的DSP（demand-side platform，需求方平台）广告和实时在线广告撮合交易一样，根据实时的需求来制定惠及双方的价格，而非固定化的价格。

基于认知价值的定价法

产品交付给顾客的总价值包含产品基本的使用功能、解决企业问题的功能以及产品带来的情感和认知功能。比如，顾客买了一条领带，这不仅让他们戴起来好看，同时也是他们身份和品位的体现。这种产品实际上已经超出了它的实用功能，更多是为顾客带来社会身份、自我认知、情感故事、积极联想等价值。所以基于认知价值的定价法就是通过价格把产品价值反映出来（见图 11-4）。

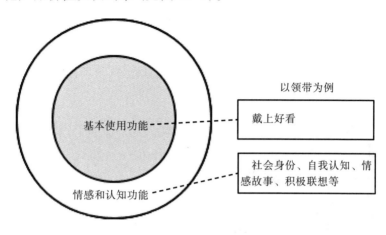

图 11-4　基于认知价值的定价

这种方法通常用于消费品、时尚产品、服装和领带型产品领域的产品定价。**领带型产品指的是能够代表身份和社会地位的用来表达自我的产品。**这类产品备受消费者青睐的原因之一是其附带的认知价值，而不仅仅是产品的实用功能。例如，女士通常会买很多包，不同的场合会携带不同款式和不同品牌的包，这就向周围的人传递了一种认知价值。

对于具有社会属性的产品，都可以采用基于认知价值的定价法定价。比如，同一款衣服，是否有品牌决定了其价格差异的大小；同款车，雷克萨斯和皇冠的价格差别就很大，这都是非常典型的基于认知价值的定价法的应用。采用这种定价方法的前提条件是要打造出足够强大的认知价值，简而言之，**认知价值就是品牌价值**，一辆 100 万元的奔驰汽车，物料、工艺、技术等方面加起来可能也就值 30 万元左右，而消费者实际上支付了 70 万元的品牌价值费用。

总结一下，产品定价的五大方法如图 11-5 所示。

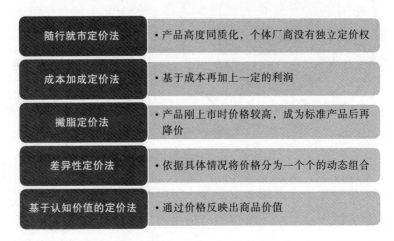

图 11-5　产品定价的五大方法

11.3　价格和价值的关系

前面一直在谈价格，现在我们不妨探讨一下价格和价值的关系。

营销的目的是要让产品价格能够有效地反映产品价值。在大多数情况下，这个准则是成立的，特别是当产品没有附加值的时候，价格和价值就有可能实现完美的匹配。但由于品牌的出现，供需价格形成的均衡机制就会失调。品牌的出现导致了定价权的出现，商品越贵，需求反而越大，甚至一些驰名品牌的新品要排队才能买得到。比如，LV高价推出新品包后，门庭若市，而价格便宜的包反而无人问津，这就是附加值增加了定价权的缘故。

价格和价值往往是紧密关联的，但也会有相背离的时候，特别是在出现垄断和信息不对称的情况时。然而，随着互联网的出现、信息流动性的增强，产品的价格和价值越来越靠近。纵观过去15年，美国的电脑、可口可乐、麦当劳、汽水、服装、家居、手机等品类，排除购买力变化、通货膨胀等因素的影响后，其价格实际上呈下降趋势。由于供应商数量增加，企业议价能力也不断增强，产品价格下降便成了整个行业的趋势。一直以来，企业营销所面对的一个巨大挑战就是产品价值下降，这时企业就更需要不断地优化产品价值，从而抵抗价值下降的压力。这也是一种新的定价方式——**组合式定价，把一次性价格变成一种服务，把顾客支付的价格，通过免费和转移支付的方式变成一种赞助式消费。**

免费也是一种价格战略，比如谷歌提供免费的电子邮箱服务。其实这也不是完全免费的，只是一种转移支付，用户实际上交出了个人隐私及邮件信息被网站过滤的权利；在免费提供邮箱服务的同时，谷歌还拥有扫描客户邮箱中信息的权利，可以基于此把用户信息卖给它的广告主。这就是一种价值交换、一种转移支付。现如今，越来越多的行业也开始采取这种基础产品免费、增值产品高收益、高附加值的经营模式。这种方式主要通过扩大用户订阅量来扩大产品影响力。在使用免费产品的同时，消费者已经贡献出了个人隐私，其行为偏好也为商家所获悉，使得商家总有机会将产品卖给消费者。因此，在信息时代，存在着各种非常强大的解构产品价格、产品交易的方式和定价方式。

11.4 价格战的再思考

当行业缺乏差异化，面临价格下行压力的时候，价格战在所难免。当面对价格战时，大部分企业都会采取扩大产品规模、薄利多销、压低价格等措施来应对，但这有可能是最糟糕的决定。在面对价格战时，解决方案并不在于企业如何降价，因为持更低价格的竞争对手永远存在。企业真正应当了解的是：获取核心顾客的需求。企业真正应当做的是：尽力提升产品价值，聚焦企业的核心顾客，为其提供真正需要的服务，让产品物有所值。

要想让产品物有所值，就要搞清楚企业的核心顾客是谁。企业应该聚焦到核心顾客最关注的价值点上并创造更大的顾客价值。我们回顾一下本章开篇的故事，联邦快递的高价产品能够战胜低价产品的根本原因是：联邦快递的核心客户大多为律师事务所、战略咨询公司等企业，他们邮寄文件给客户的需求较多，当客户收到邮件并看到快递封面上写着"优先服务"时，会获得一种备受重视的满足感；相比之下，收到另外一个合作伙伴寄来的"标准服务"邮件，就显得不被重视了。这虽然只是个细微差别，却让联邦快递的顾客选择了13美元的产品。

联邦快递能够深刻地理解它的核心顾客是谁，以及顾客真正关注的是什么，所以美国邮政服务的举措非但没有抢到市场，反而让联邦快递提高了定价。这背后的逻辑看似是价格战，其实是企业对客户的深刻理解和影响力。美国邮政服务试图打入联邦快递的顾客群中，但它既没有强大的品牌吸引力，也没有过硬的运营能力。所以，在没有能力为核心顾客提供所需的服务时，价格战是无效的。联邦快递深刻地理解了顾客需求并推出了能满足其需求的新产品，从而把价格战转化为价值战，获得了巨大的成功。

通过这个案例读者应当明白：**有效的增长战略不是抢夺别人的核心客户，而是更有效地服务自己现有的顾客，升级优质顾客，获取新顾客和召回流失顾客**。我们学习定价，不仅要知道定价的方法，更要知道价格、价值和顾客之间的关系。

What Is Marketing

第五部分

整合营销渠道

What Is Marketing

第 12 章

渠道的定位和升级
设计和管理营销渠道

> 渠道提供的价值是顾客价值的重要组成部分！渠道正在经历从分销到增值服务、从销售到营销的转型。
>
> ——菲利普·科特勒

故事　三代人的生意：卡特彼勒的渠道管理

卡特彼勒（Caterpillar，CAT）成立于 1925 年，公司总部位于美国伊利诺伊州，是世界领先的建筑和采矿设备、柴油和天然气发动机、工业涡轮机及柴电机车领域的制造商。该公司 2018 年的收入达到了 547 亿美元，公司主要由负责建筑行业、资源行业、能源与运输行业的三个部门运营，由金融产品部门提供融资和相关金融服务。

工程机械行业的产品具有层次复杂的特性，客户通常不具备专业的维修能力，产品一旦在使用过程中出现故障，就需要专业的售后团队提供及时的服务，因此产品销售之后需要庞大的售后服务体系支撑。采用企业自建服务体系去应对巨大的售后服务需求，相对而言成本高昂，因此该行业中代理商便承担了售后服务的角色。显然，优质的代理商就会是企业竞争的稀缺资源之一，企业和代理商的合作关系也显得尤为重要。

企业和代理商的合作关系本质上是一种竞合关系，既竞争又合作。很多企业面临的问题是：企业认为代理商较难管理,不够忠诚;代理商指责企业给予的支持欠缺。这种情况进一步导致了这些专业能力弱的代理商到处窜货。卡特彼勒可谓在整个工程机械行业甚至是整个B2B行业中,在对代理商的管理和与代理商共同发展方面做得最好的企业。

与卡特彼勒合作最久的代理商已有三代人,为什么三代人都会做卡特彼勒的代理商?答案是:卡特彼勒帮助它们成为更好的公司。卡特彼勒不仅仅为代理商提供高收益的代理产品,更重要的是帮助这些公司从家族企业变成现代化管理企业,或者说是为代理商赋能,帮助他们建立更好的组织管理体系、树立企业文化、构建整个信息管理系统,包括有效的库存管理、现金管理等。

卡特彼勒甚至帮助代理商的接班人提升自己的个人商业知识和管理技能、树立良好的价值观。这种精细化管理和赋能模式一直延续了代理商的三代接班人。卡特彼勒与代理商的合作不单纯在于渠道管理,本质上是帮助代理商做强、做大,为其赋能,因此造就了卡特彼勒与代理商长久且坚固的合作伙伴关系,并伴随企业品牌发展共同成长、一起壮大。

12.1 传统渠道和新渠道

渠道是营销4P中外部化的一个。渠道往往是社会资源的契约合作关系,与企业并无直接的隶属和股权关系。渠道成员涵盖了总代理、经销商、分销商、终端零售店面、电子商务平台等介于生产厂家和品牌商到消费者之间的一系列服务机构。

渠道可被归纳为三种类型：总经销商、分销商、终端。

总经销或总代理模式

以物流管理能力为主的总经销或总代理模式，能最好地发挥渠道总体物流的协调能力，特别是在物流成本较高的行业，优势尤为突出。比如在家电、家具行业中，总经销、总代理通常会帮助企业进行物流安排工作，所以它们具备强大的物流运送能力。由此可见，顺丰、UPS既是物流商，也是很多产品的总经销商。可能你不知道，当你的惠普电脑、惠普打印机、戴尔电脑坏了，拿回去进行维修时，实际上是顺丰、UPS提供了经销供应链管理服务。在这种模式下，总经销、总代理发挥的更多是物流、供应链管理的职能。

分销商或经销商模式

分销商或经销商处在总代理和终端之间，发挥的是在某一个区域内完成销售、物流、配送、现场营销并提供部分客户服务的作用。这类企业往往是区域强势企业，核心能力在于区域的分销市场和区域内的办事能力，以及区域物流能力，对本区域的商圈、商业资源、消费习惯都比较了解，视产品类别和渠道覆盖精细度不同，往往会形成省或市的格局。

终端

终端指的是消费者购货的场所，具体包括大型商超、百货店、连锁店，或是一些电子商务平台。这一类消费者实际发生购买的场所，更多地偏重于交易完成、货品陈列、现场促销、产品选择、客流获取的布置，特色在于优异的运营能力、货品组合管理能力、零售空间的设计和客流集流能力。比如苏宁、沃尔玛、家乐福等都属于连锁的大型终端。

以上就是渠道成员的主要构成类型。除此之外，还有一些新兴的渠道模式。比如淘宝、京东等电商，直接用终端构建直销点的微商，新型的泡泡链模式，一些直销型组织等，都是对传统分销模式的一种补充。渠道成员在传统的三级分销结构之上，还出现了很多新型的渠道类型，如折扣店、工厂店等。这就对企业的渠道管理提出了新的要求。

过去的渠道管理是配合着企业的物流和经销区域展开的，分为总代理、分销商和终端，基本上以物流配送为核心逻辑。而如今第三方物流公司如菜鸟、顺丰、中通等层出不穷，它们在全国范围内已打通了通过三级零售来完成的物流配送体系，可以直接把货物配送到客户手上。因此，企业就不能够再围绕着三级零售配送模式来展开服务，而是要以为顾客提供一个便利快捷的购物体验而进行核心渠道融合。

过去，企业把渠道分成了商超渠道、大型KA(重要客户)渠道、批发市场渠道、线上渠道、移动端渠道、自由渠道等。

现如今，这些渠道的划分看来只是企业内部的工作视角，顾客需要的是通过手机 App 购买一份早餐，并且在 15 分钟之内能够送到，或者是享受线上下单、线下到家配送的无缝连接服务。

12.2 渠道管理的趋势和实质

当前渠道管理的趋势：第一是跨渠道，第二是线上线下的融合化，第三是面向顾客的统一支付流程管理、面向商家的统一库存管理。只有统一的库存管理才能保证顾客下单后可以在任一店面取货，并要求商家进入统一的顾客接入界面，只有将这几个点统一起来，才能保证供应渠道使消费者获得无缝式的跨渠道融合性购物体验。

实现上述渠道管理需要的核心技术是卫星定位技术、冷链物流技术、大型数据仓库技术、对顾客的精准定位、移动互联网终端、ERP 系统等。这些核心技术的有机结合能帮助企业搭建一个完整的数字化信息流、顾客样品的订单流和线下的交易流系统，使顾客享受到一种无缝连接的渠道联合服务。这种线下的物流商品交易和线上数字化交易流的融合被称为数字孪生过程。在这个过程中，会产生很多新的技术和需求。所以在这样的环境下，渠道成员与生产厂家或品牌商的关系也在发生重要的变化。

渠道管理的实质是对渠道话语权的争夺或者构建。消费者购买到的产品总价值由两部分构成：一部分是渠道商所提供的渠道价值，另一部分是产品本身的价值。渠道商总是希望在这个价值等式中占据主导地位，品牌厂商也希望通过打造强大的品牌、优质的产品、差异化的服务来构建产品价值。在这个过程中，打造品牌、提升渠道的管理能力、帮助渠道更好地改善自己的主题是恒定不变的，但是一些新的机遇和方法的出现会促使渠道管理发生变革。

12.3 渠道管理变革背后的力量

在渠道融合实现之后，生产厂家获取了比过去更多的实时数据，借此能够更有效地了解购买产品的消费者、购买渠道、购买时间、购买转化率等情况，甚至包括产品的使用方式，也可以通过微信、微博等客户服务平台直接和顾客建立联系。在渠道融合之前，这些都是难以达成的，生产厂家在发出产品后只知道通过几级零售到达了最终使用者手中，但并不知谁是真实的顾客，也不知顾客是什么时候购买的、使用效果如何等，这些信息都被渠道商屏蔽了。渠道商之所以对品牌厂商有权利，就在于它们掌握了顾客的信息。

如今，由于渠道融合和直连的平台使得品牌厂商能够越来越有效地了解顾客。从这个层面来讲，厂商在直接抓取顾客反馈的信息之后，其市场势力有所上升，而渠道商正在被边缘化。

比如，过去耐克要发布一款新鞋，需要投入 100 美元做广告，还要用 3 个月的时间做推销，半年之后通过经销商渠道才能知道这款鞋是否畅销。尽管如此，这一套流程下来所获取的反馈信息仍有可能是不完善的，而且这势必会加大厂商对经销商的依赖，花费大量的时间、精力、人力和物力，但最终的效率却很低。

现如今，耐克已经不再那么依赖经销商和广告了。耐克与 iPod 合作推出了一款鞋底添加芯片的新款鞋"耐克+"，用户穿上这款鞋并连接 iPod 之后，可以一边跑步一边使用 iPod 记录步数，还能听配套的音乐、记录心跳等体征数据。这款产品一经上市，备受消费者喜爱。为了使产品收益最大化，耐克公司鼓励大家多穿、多跑，这样鞋坏得快，才卖得多。

耐克公司还建立了一个网站，上传了消费者和品牌代言人迈克尔·乔丹的跑步数据，并鼓励用户主动上传数据，根据用户数据进行智能排名并评选出全世界每天跑步数据最多的 500 名用户。基于此，在该平台上，用户可以与专业运动明星比拼跑步数据，以激发用户的运动潜能与跑步欲望。"耐克+"很快就非常成功地运作成了运动爱好者上传、记录、比较和分享实名制用户真实运动数据的平台。越跑越爱跑，越跑越多，所以鞋销量也越来越大。更重要的是，耐克第一次掌握了其 100 万核心用户的使用数据。

当耐克新产品再上市的时候，就不需要再花百万美元的广告费，只需在"耐克+"社区上发行优先码，一旦拿到优先码，顾客就可以优先获得第一批购买权。接着，耐克公司在"耐克+"网站上推出广告，向用户告知一款 X 新跑鞋即将发布的时间。新品发布之后，便可在短短一星期内获得销售反馈，包括新款鞋的销售区域及用户试穿效果等信息。耐克公司基于获得的数据再对新品进行生产数量和设计的优化。经销商也因此节省了宣传成本，因为耐克的粉丝会直接到经销商店里点名要买这款新鞋。

耐克的营销副总裁曾说，"耐克+"平台的推出，不仅优化了我们的产品设计，更重要的是改善了我们的产品发布。过去我们要花上百万美元推广一款产品，但今天我们只需要带领我们的百万粉丝推出一款产品。这对耐克来说是一个革命性的变化。耐克专门设置了一个部门，负责把运动数字化，把运动爱好者联系起来，它实际上打造了一个全世界最大的线上和线下运动社区，这就是产品革新。

社区营销实质上影响最大的就是经销商体系和经销商管理，因为企业与经销商之间的关系、企业对经销商的管理方式都被改变了，从而也影响了经销商的转型和经销商权利的占比。从过去的耐克产品销售方，变成现在耐克营销活动的合作伙伴，经销商逐渐变成了耐克文化的组织者、倡导者和当地社区的维护者，与耐克共同组织 color run、马拉松赛跑、城市越野赛等大型活动。在数字化营销时代，渠道管理的本质并没有变化，但是渠道管理方式发生了实质性的变化，渠道的使命和功能从"分销+物流"逐步变成了"营销+顾客关系"和区域市场激活的管理方式。因此，企业方对渠道伙伴的管理和赋能措施也要与时俱进。

12.4 渠道管理的升级

当然，不是所有的企业都可以做到像耐克那样高度数字化地连接顾客，但一些现代化的工具可以使经销商管理和顾客管理合二为一，如微信平台和在线品牌社区都可以使企业把线下的经销商变为当地的社群大使，并成为当地的服务网络、品牌故事、品牌体验、品牌使用、顾客聚会的组织者。

激烈的市场竞争让优质经销商成为稀缺资源。一方面，企业需要优质经销商协同企业一起做大当地市场；另一方面，技术和商业模式变迁时，经销商的业务模式和能力都要进行更新换代。

经销商的分类

我们可以按照经销商的业务模式和渠道特征，把经销商分成四类。

第一类：品牌专营型经销商。这类经销商多见于快消品和消费电子行业，经销商会经销单一品牌或多品牌产品（都是一个品类下的）。这类经销商的盈利模式是品牌销售返点，所需具备的核心能力是：新产品运作能力、终端动销能力和较强的本地市场能力。红牛、伊利、立白等企业的经销网络以该类经销商为主。

第二类：品类聚焦型经销商。这类经销商常见于刚需、多品类的行业，经销商会聚焦在一个或多个品类，通过品类产品的组合销售而获得收益。这类经销商的核心能力是终端进入能力、货架占领能力、选品组合能力。由于这类经销商面对的生产厂家和 SKU（stock keeping unit，库存保有单位，如以件、盒、箱等为单位）比较多，所以经销商和生产厂家的供应链对接能力及内部管理能力是制约这类经销商发展的瓶颈。休闲食品、日化、冷冻食品等行业的经销网络以该类经销商为主。

第三类：供应链型经销商。这类经销商搭建供应链平台并提供物流和信息服务，覆盖非常多的品类，为众多中小经销商和终端门店提供以效率为核心的服务。这种经销商的核心能力是数据能力、运营能力、终端服务能力。典型的平台经销商包括：汇通达、怡亚通等。

第四类：社群型经销商。这类经销商以线上或线下社群市场经营多品类生活必需品或者独特专营的高毛利产品。这类建立社群的来源可以是居住小区（团购团长），可以是优质内容（内容电商），也可以是大 V 意见领袖（自媒体），等等。这类经销商通过构建强大社群信任关系以"单客模式"赚钱（单客模式：把更多的产品卖给一个顾客，而不是传统地把一个产品卖给更多的顾客）。社群型经销商比较典型的经销形态是社区团购、内容电商和社交电商。

我们进一步按照经销商本身的发展计划和意愿，可以把经销商分成三类（见图12-1）。

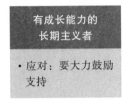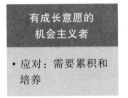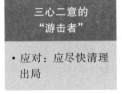

图 12-1　三类经销商及应对

第一类：有成长能力的长期主义者。这类经销商一般有相当的规模，有发展动力，也愿意和企业合作来提升自身的综合能力，并实现长期发展。这类经销商会成为企业忠实的合作伙伴，是值得大力鼓励和支持的经销商。

第二类：有成长意愿的机会主义者。这类经销商一般规模不大，有比较强的创业精神，对机会很敏感。它们会根据市场风向调整热销产品，但由于产品繁多、资源有限，这类经销商很难将每个渠道都做透，也很难将每个产品都做深。因此，这类经销商虽然有机会，但是需要自身积累，也需要企业的培养，要让它们聚焦在企业的重点产品上。

第三类：三心二意的"游击者"。这类经销商关注的重点是渠道差价，它们是没有办法跟随品牌进行转型的。对于做活动、做社区、成为新的品牌大使之类的营销开拓业务，它们并不感兴趣。它们关注的是产品的进销差价，如何依靠现有的渠道通过高价差把货出清才是它们最在意的部分。这类经销商前途渺茫，注定会被市场竞争淘汰，也是企业需要尽快识别并坚决清除掉的一类。

总的经销商管理策略是：对第一类优质的经销商要花大力气去挖掘，甚至可以与之合资并重点培育，让它们成为品牌专属经销商；对第二类经销商则要助其成长，提升它们的聚焦性，要扩大主要产品在这类经销商中所占的市场份额；对第三类经销商要尽快清理出局（见图12-1）。

除了前面介绍过的数字化管理、融合渠道管理之外，还要再区分不同的经销商类型，并不断优化。企业的最终目的就是让经销商跟得上企业的渠道战略变化并迎合渠道一体化融合的策略，让它们从经销商变成合作伙伴，再变成企业的营销商。

渠道定位

企业在进行经销商管理的时候也要像针对终端顾客进行营销一样，细分经销商的类型，然后有针对性地制订经销商扶植和管理计划。按照以上讲的两种经销商分类方式，我们可以形成一共12种经销商类型，去除"游击者"型经销商之后，仍有8种经销商类型。它们的需求是不同的，因此企业需要定制化"经销商管理和培育"计划。有一个有效的工具可以帮助大家实现经销商的差异化管理，这个工具叫作"**渠道定位**"。

渠道定位通俗地说，就是品牌企业在经销商心中区别于其他竞争品牌的独特地位和价值。渠道定位能明确告诉经销商为什么要和本企业而不是竞品企业合作。

渠道定位需要经过四个步骤。

第一步，确定经销商的绩效指标：市场渗透，客户服务，还是管理提升？

第二步，选择"渠道定位"：低价领袖，服务专家，市场赋能者，还是组织发展导师？

第三步，确定"渠道利益组合"：核心利益、发展性利益、短期利益。

第四步，传播渠道定位和渠道价值承诺。

渠道定位是渠道需求和企业自身能力综合选择的结果。常见的渠道定位有以下几种。

- 低价领袖：对渠道提供行业最低价，但额外增值服务很少。
- 服务专家：给渠道提供全面的服务，包括融资、物流、仓储，但政策偏向于销售高价产品并给顾客提供额外增值服务。
- 市场赋能者：联合渠道举办市场活动，帮渠道带来销售线索，提供广告支持、品牌支持。
- 组织发展导师：帮助渠道培养人才、筛选人才，协助其成为更好的组织。

企业做渠道定位需要系统地研究竞争对手和行业渠道最佳实践的做法，然后把研究收集的相关信息汇总归纳到如表 12-1 所示的工具表单中。

表 12-1 渠道定位

	渠道需求	你公司的渠道提供物	竞争对手的渠道提供物	各个领域最佳实践组合
渠道定位				
核心要素项目 　基本折扣 　数量折扣 　建议零售价 　产品线完备度 　交货的可靠性 　全国品牌知名度				
能力发展项目 　促销支持 　响应系统 　技术支持和培训 　分销政策 　退货政策				
激励项目 　品牌商销售团队激励 　分销商销售团队激励 　分销商公司激励				

然后围绕渠道定位设计渠道的利益组合（渠道交付物），如图 12-2 所示。

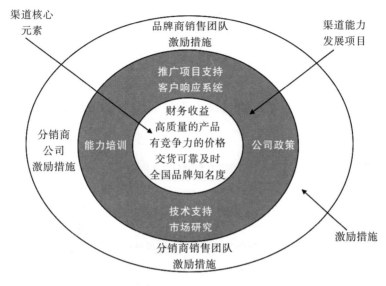

图 12-2 设计渠道的利益组合

我们接下来通过樊登读书会的渠道案例来说明如何使用本工具。

⊙ 案例　樊登读书会的渠道设计

樊登读书会是互联网付费订阅的成功企业。樊登读书会与"得到""吴晓波频道"等知识付费平台的区别之一在于：樊登读书会采用线下分销模式（见图12-3），即授权点（读书会分会）和代理商在区域社群中销售 VIP 年卡、付费课程。

我们使用"渠道定位"模型来解构一下樊登读书会的渠道模式和设计初衷。

第一步：明确对代理商的三大绩效要求。

- 渠道分类：经销渠道在全部渠道中为"走货冠军"。
- 市场渗透：推广销售会员年卡，完成销售任务。
- 渠道增值：定期组织会员参加线下读书会，维系会员关系。

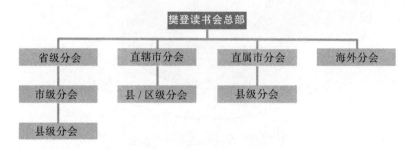

图 12-3　樊登读书会线下分销模式

第二步：分析和评估代理商对渠道交付物的需求。

小型公司或个人代理商通常需要总部全方位的援助。樊登读书会的代理商对于渠道交付物的期望主要是五点。

- 能够带来财务收益。
- 有一定的品牌知名度。
- 推广促销支持。
- 提供技术支持和培训。
- 制定渠道激励政策。

第三步：确定渠道定位——"市场赋能领袖"，善于帮助渠道热启动。

表 12-2　樊登读书会的渠道定位

渠道定位	"市场赋能领袖"
核心要素项目 基本折扣 付款折扣 数量折扣 产品使用生命周期成本衡量 建议零售价 产品线完备度 交货的可靠性 全国品牌知名度	 VIP 年卡，200 张：225 元 / 张；500 张：205 元 / 张；1 000 张：175 元 / 张 产品使用生命周期长 VIP 年卡零售价 365 元 VIP 年卡、付费课程、衍生产品 可靠性高 创始人 IP 强大，品牌知名度高
能力发展项目 促销支持 响应系统 技术支持和培训 分销政策 退货政策	 促销活动统一制定，提供物料支持，提供讲师、异业资源 总部、分会均提供会员咨询服务 提供销售、运营、活动等培训 省、市、县多层次代理结构；3 000 多家代理商，分布在 900 多个县、20 多个海外分会
激励项目 品牌商销售团队激励 分销商销售团队激励 分销商公司激励	 分会自行决定 投资换取地区 1% 的股份和 100 张会员卡，完成销售后再奖励 1% 的股份

注：根据公开资料整理。

第四步：设计和确定渠道利益组合。

按照樊登读书会的渠道定位，渠道利益组合设计如下。

- 产品：低进货价的 VIP 年卡；衍生产品经销权，如纸质出版物、文化衫、纪念品等。
- 推广促销支持：总部统一规划促销活动（如"双 11"

等），总部为代理商提供指导和物料支持；代理商以优惠价邀请樊登本人出席线下活动。
- 技术、培训支持：总部为代理商提供产品技术支持和销售数据平台支持；总部提供销售、运营、活动等方面的培训。
- 渠道政策激励：按照月度、季度、年度制定激励政策，鼓励和刺激代理商发展渠道、发展会员、进行市场合作。

第五步：传播渠道定位和渠道利益组合。

- 官方传播：官网、App 等。
- 代理商传播：区域代理商招募下级代理商。

What Is
Marketing

第 13 章

从经济行为到生活方式
新零售

故事　从一条、二更和快闪店说起

随着传统零售业受到电商的冲击，新零售的概念被越炒越火，而如今线上流量的获取成本也在逐年攀升，大小玩家都被倒逼寻求新的模式才能在竞争激烈的市场中获得发展的机遇。其中，线上内容电商及短视频电商如一条、二更和线下的快闪店（pop-up store）就是新零售探索实践的代表。

一条、二更都是从生活类短视频起步。如今，一条的业务领域已经从单纯的内容电商转变为生活美学电商、短视频原创媒体和生活良品集合店"三位一体"综合发展。一条的这种转变是因为看好新零售模式能将用户在线下的低频购买转化为线上的高频购买，这个从盒马鲜生中得到启发和验证的模式，也是让一条的故事有更大想象空间的重要源泉。一条创始人徐沪生说："我们线上的用户也一定会喜欢到我们开的店里喝喝咖啡、看看书，体验到在线上看到后'种草'的美美的商品，然后直接买回家，还能和一条视频采访的嘉宾、KOL在线下互动。这就给了他们去商场消费的理由。"事实证明，这是一个值得尝试的战略选择。通过业务模式扩容，一条的年复购率已经高达 50%。二更的模式与一条有相似之处，虽然最近一段时间，二更的业务重心除了继续推出短视频之外，更多地偏向 B 端的品牌服务，但此前的"二更食堂"以及正在推出的"此食此客"系列都为零售参与者提供了新的获客思路。

pop-up store 从字面上可以理解为"突然冒出来的店"，又被翻译为"快闪店"。它是区别于线下门店和线上网店的第三种门店，指在商业发达的地区设置临时性的铺位，在比较短的时间（如几周）内帮助品牌获取流量。快闪店主要有三类产品：低频高消费类产品、潮汐效应明显的产品，以及生活服务、IP 文创娱乐类产品。

快闪店打的是一场"品牌游击战"，因为店铺不可久存，一方面限制了品牌方的顾客资产积累，另一方面也几乎将品牌集合型门店拒之门外。为了弥补这些缺陷，快闪店也进行了更新升级，如天猫智慧快闪店就每周聚焦一个主题或品牌，对消费者而言，快闪的就不是店了，而是主题。这种方式也为众多集合型门店提供了尝试快闪模式的思路。

对于地点，快闪店一般会将商场作为首选，因为它是线下流量的汇聚点，而品牌的选择一直都是商场开业成功的重要因素之一。快闪店在帮助品牌获取流量的同时，也在帮助商业体测试品牌的引流能力、挖掘潜在招商合作伙伴，以保证商场的品牌多元化。目前，快闪店对于品牌方和商场来说，是一种双赢模式。

13.1 新零售"新"在哪儿

新零售是时下的热点概念。到底什么是新零售？不同的人，从不同的角度，可能会给出不同的回答，因为新零售概念的外延非常广泛。本章讨论的新零售，是指除了传统的线下零售店和线上电商之外新出现的，基于满足消费者新需求和新场景，运用新技术和新传播方式的零售业态。

新零售相比传统零售有什么新的特点？它给企业和消费者带来了怎样的新价值？接下来，我们通过对三个观点的分析，逐步解答这些疑问。

观点1：新零售出现的根本性原因在于消费者偏好的变化和追求新的购物体验。

消费者的变化自然会带来零售业态选择的变化。在大多数人都认为线下零售正在经历寒冬时，马云却提出了"新零售"的概念，旨在推动线下商店的复兴和线下业态的物种革新。为什么线下商店会再次受到重视呢？要回答这个问题，就要谈到消费者偏好的变化了。

经过多年的发展，电子商务早已蔚然大观，淘宝、京东、拼多多、1号店等个中翘楚已成为消费者网上购物的必选平台。但消费者是喜新厌旧的，随着时间的推移，消费者的需求总是螺旋式上升的，有时看似诉求倒退了，实则更接近本源需求。电子商务虽然便利，但它剥夺了消费者购物中的娱乐性体验。线上购物，由于受到屏幕的限制，商品往往会按照产品类目来分类，消费者便少了一份不期而遇的惊喜和希冀。相比之下，线下购物给我们带来了探索、体验和交流的机会。对于不少消费者来说，购物不仅仅是为了购买所需的产品，购物过程中与伙伴、店员以及其他顾客的交流也很重要。购物在某些情况下是一种娱乐行为、社交行为，这是线下购物的优势。

另外，由于电商的页面呈现逻辑是类目逻辑，大类目（如服装、美妆等）如果做不到前3名，小类目（如宠物美容产品、牙粉、礼品套装等）如果做不到第1名的话，企业就很难在电商平台取得成功。品类经过多重折叠之后，很多新兴的小品牌往往没有机会被展示出来，这些品牌也需要寻找线下的机会来获得宝贵的展示空间。

总的来说，购物已经从便利的经济行为变成了便利和娱乐兼具的体验行为。很多新兴品牌在电商中经过高度折叠难有出头之日，而购物的社交性、游憩性、活动性的复兴，使得线下业态再次复兴，这是我们认为新零售在今天得以复兴的核心原因。

观点2：新零售的出现是以新技术形态的出现为基础的，它优化了传统线下零售的方式，并带来了全新的变革。

新零售线下商店的回归，不是简单意义上的重建与重复，而是一种全新的业态。这种业态强调了线上线下的一体化，强调了渠道的融合，强调了体验的一致。

以盒马鲜生为例，它的零售空间把体验感、货品的丰富性、饮食的教育性很好地融合在一起。它现场种植的青菜让人感到新鲜、安全，鲜活的龙虾会激发你无限的食欲，此外，现场教授烹饪食物的过程，也会激发你品尝和学习的欲望。

同时，它不再是传统意义的线下零售，你可以通过扫二维码进行线上自主支付，这充分地融合了线上的便利、去中心化，以及线下的娱乐、教育、互动、品尝以及发现探索的体验。这种新零售得以发展，是以其背后的新技术为基础的，这些新技术包括：垂直农业、工厂化农业、冷链物流、室内精准定位、移动式支付、增强现实、虚拟现实等。所以我们的第二个观点认为，新零售是一种新技术，能让消费者处在线上线下融合的混合现实状态。

观点3：新零售是地理位置的变迁。

如果说电子商务把地理位置因素变得不再重要的话，新零售就使得地理位置和空间因素变得再次重要起来。从前我们认为，地理位置是零售中的重要影响因素，直到电子商务出现，商家在一个偏远山村都可以在线上做特色产品，好像地理位置不再重要。而今，地理位置的重要性再次凸显，因为出现了超级城市和超级商圈，企业的影响力、品牌的打造都要靠这些超级城市、超级商圈、有超级影响力的人来实现，而这些人就在这些超级商店中。

根据我们的经验，现在单纯采用线上的方式打造一个知名品牌，至少要投入3亿元人民币。原因在于互联网流量红利消失殆尽，线上的流量成本激增，而流量的边际收益却在不断下降。比如,要在某个搜索引擎上投放一个"大闸蟹"的关键词,一次点击就要花费 275 元的成本,如此高的营销成本是一般厂商无法承受的。现在,通过线上纯投放的方式来打造一个创新品牌几乎是不可能的。在不少情境下,线上的获客成本比线下的还要高一些。因为企业在线下可以利用天然流量来获取流量红利,地理位置是被动性的流量获取,而线上投放是主动性的流量获取。

北京的 SKP-S 购物中心用最新的沉浸式科技,把火星和未来生活作为零售主题,入驻该中心的每一个品牌都在主题环境下用科技体验的方式讲述品牌故事,还原产品与生活的关系,获得了意想不到的成功。现在越来越多的品牌开始建立线上线下的旗舰店,甚至有些品牌会建立快闪店,以线下快闪的方式来做品牌、顾客教育、顾客体验、顾客关系。因此,地理位置的重要性就要求品牌必须占领超级城市、超级商圈、超级体验中心这些重要的商业位置。

正是以上三种因素催生了新零售的诞生。这是一次螺旋式的成长,是零售的范式革命。

13.2 新零售下的消费者画像

新零售下的消费者发生了哪些具体变化呢?

首先我们会看到消费者**趋低消费和趋优消费并存**的现象(见图 13-1)。

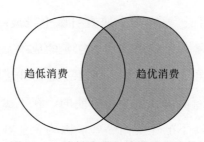

图 13-1　趋低消费和趋优消费并存

一方面,消费者在购买他们熟知的品类时,会货比三家。比如在淘宝、京东、1号店、亚马逊等电商平台反复比较,偏好性价比高的衣服,甚至为了买到便宜的鸭蛋去拼多多参团。消费者需要的是同等质量下最低的价格,他们可以利用电商平台提供的技术和比价优势谋求最大的价格优势。这个趋势就是消费者趋低消费,看起来,消费者开始省钱了,但这不是故事的全部。

另一方面我们发现,同一个消费者既可能为了便宜几角钱不怕麻烦地参加团购和登录各种比价网站,也可能会毫不犹豫地为一款洗洁精花 200 多元,他还可以为一张邓紫棋演唱会的门票花上 1 万元,甚至也可以毫不犹豫地花 78 万元买一套米勒整体橱柜……这就是趋优消费。

我们可以看到,这两种完全极端的购物行为会出现在同一个消费者身上,而这种情况还不是个例,越来越多的消费者呈现出这样的特点。为什么会出现这样看似矛盾的情形呢?

因为消费者基于他们掌握的工具和信息,在货品极大丰盛的世界中,愿意在那些自己特别喜欢、有回报感、有意义的商品上一掷千金，支付高昂的溢价。比如喜欢围棋的，可能愿意为一副围棋花十几万元，也可能为了买一把武宫正树用过的扇子特意跑一趟日本。而这对那些对围棋不感兴趣的消费者来说简直无法想象。

消费者一方面可以为自己情绪化认知下感觉重要的商品支付高溢价，另一方面只愿意为那些不太重要的、没有兴趣的产品支付非常低的价格。比如某个消费者对服装特别没有兴趣、特别不愿意花时间去试衣服，他就会寻找那些最便宜、最方便的途径来实现购买，比如在优衣库够买。

企业不能仅以消费者的收入、地位来对其进行细分了。消费者心理的巨大变化，消费者价值观的多元化，产品丰富、技术发达的环境，对商家来说意味着既要有能力把产品打造成品牌，也要能控制住成本。在大规模生产产品的同时，企业还要有能力塑造故事、打造体验、经营情感性品牌，反映在零售空间里，就呈现出线上趋低购买与线下趋优购买交织的情形。这就催生了线上线下的融合和新零售业态。

13.3 新零售下消费者的品牌态度

很多人都有疑惑：在今天电商、新零售繁荣的大环境下，品牌是不是已经变得不那么重要了？当消费者通过诸如评论网站等渠道已经非常了解产品的性能、比价，是不是品牌消费的不对称就不存在了？是不是消费者不再相信品牌，而选择相信顾客的评价了？其实恰恰相反，今天的品牌对消费者购物决策的影响要比以往任何时候都重要。因为当信息爆炸的时候、当产品包装宣传已经无孔不入的时候，消费者就会面临信息过剩。这时消费者非常希望有一种方式可以帮助他们减少信息处理成本，而最合适的方式就是借助品牌。品牌通过提升产品安全感，构建起消费者对产品的信任。具体来说，消费者对品牌的态度会发生如下变化。

首先，品牌提升了产品的信息对称性。消费者可以更容易地识别伪品牌，而且会对真实的品牌保持高度忠诚。

其次，随着我国经济的发展和文化自信的提升，消费者对国外品牌的偏好度和忠诚度正在慢慢地让位于国内品牌。我国消费者越来越相信国内品牌，越来越拥有文化自豪感。消费者对中国传统文化的热爱和自信，使紧贴中国传统文化、营造精致自然的生活方式的品牌备受热爱，并成为购物首选。国潮的崛起就是中国消费者心理和偏好变化的结果。

最后，令人难忘的品牌体验是消费者非常渴望的。现在的消费者特别愿意去品牌体验店，或者更加偏好那些能带来丰富体验的品牌，这个因素也催生了新零售形态。

过去的一些农产品，如龙虾、大米、蔬菜、水果、茶叶等，往往有产地品牌，而没有真正的产品品牌。但这种情况现在正在发生变化，新零售空间的出现、消费者对品牌生活的追求等，使得消费者现在追求的不仅仅是五常大米和信阳毛尖，他们更想知道这些产品的差异和故事，他们开始追求超出产地之外的品牌价值。消费者对营造精致生活方式的品牌的追求为企业线下的零售带来了新的契机。线下零售是打造新品牌的重要战场，从过去的线上内容、线上展示、线上引爆传播到现在的线下体验和真实的人与人之间的交流，这就是品牌价值观的变化为品牌带来的契机。

13.4 新零售的六大业态

新零售的业态可以归纳为六种。

第一种业态：大规模线上线下融合的新零售体验型业态，也叫 SKU 型。这种业态以盒马鲜生为代表。盒马鲜生线下店面积较大，而且强调线上线下的互动融合和体验一体化。

第二种业态：品牌故事店。品牌故事店往往是线下店，它通过陈列方式向顾客讲述它们的品牌理念、传奇和品牌故事。商家希望顾客进入店铺后，能获得一次品类、品牌的知识之旅和体验之旅。百年灵（Breitling）手表品牌店就设计得非常有故事感。一般的手表品牌店面积都不会太大，因为没有那么多的 SKU 展示，但百年灵的品牌店面积超过 200 平方米，里面除了展示该品牌多款式的手表，还重点展示了品牌和飞行的关系，以及品牌所代表的勇往直前、挑战自我、探索未知的胆识和突破。这些内容会极大地丰富消费者对这个产品的认知，进一步使消费者对这个品牌的手表产生很多好奇，有些消费者甚至会查阅更多的相关资料，比如消费者会发现第一个飞跃英吉利海峡的人就戴着这款手表。这就是品牌故事店，它会帮助顾客树立购买标准，帮助经销商有效地陈列产品和展示品牌故事。

第三种业态：快闪店。通常在商业发达的地区设置临时性的铺位，在比较短的时间内（如几周内）帮助品牌获取流量。我们在商场中经常可以看到这种店，它的核心就是快速获得关注，推出限量产品，获得品牌故事和理念的传播。

第四种业态：社交零售。品牌往往会通过一个事件组织一次派对，并通过这个派对，让大家一起来品鉴和欣赏新产品。这些新产品往往以设计师类品牌为主，因为设计师类品牌往往是一种高情绪化下的品牌，这种品牌在传统的线上不太容易形成口碑和市场对品牌深度的认知。消费者对这种品牌知道得越多，就会越爱它，也越愿意支付更高的价钱。设计师类品牌需要灌输设计理念，非常适合在一些私密的环境中，通过派对、研讨、深度沟通的方式来做品牌构建，并通过这些人再去影响他人。由此可见，社交零售其实是一种非常有效的线上线下融合的零售模式。如果你曾经买过玛瑙或者水晶，你可能会发现真正卖得好的地方，不是在百货店和大型购物中心，而是在爱好者的家或会馆里面——在这儿，你可以倒上一杯茶，听这个店主和水晶爱好者帮你深刻分享佛教七宝是什么、砗磲又是怎么回事、红兔毛是怎么回事、十字星光又是怎么回事⋯⋯听完这些，你原本打算就买一个，结果买了十串回去，而且愿意为每件商品支付7000元以上的价款，这就是社交的力量。它可以极大地丰富消费者对产品的认知，从而塑造出产品的价值。

第五种业态：内容电商。以上几种业态都是线下的，其实在线上也出现了一些新零售业态。传统的电商平台以淘宝为代表，但现在出现了很多集内容、广告、购物于一体的方式，也就是基于内容的电商：原来做内容的媒体变成类似于电商的渠道了。它们通过挖掘产品品牌背后的故事，以精美的文字、绘画、视频、直播等形式呈现，最终形成有效的推荐。

第六种业态：IP 电商。这种业态是基于知名人士或者网红的带货模式，通过电商直播、短视频，甚至知识分享平台输出高质量内容形成一个 IP，从而营造粉丝圈，进而带货销售。这种业态的内在机制是顾客基于对 IP 的信任而构建的产品信任，业态从业者往往会基于优质内容制作的匹配性来严格筛选特色产品。这种业态往往起步于和 IP 属性比较接近的品类，比如李佳琦和口红、李子柒和食材、樊登和图书，最终成功的 IP 电商会成为产品品牌。如果几年后读者看到了"李佳琦"品牌化妆品，也不要感到吃惊。

综上所述，新零售业态千姿百态，而这些业态变迁背后的推动力是新顾客、新技术、新传播、新媒介。基于云、大数据、算法、精准定位、智能预测的数字化基础设施等一系列科技基础，零售业正在加速改变商业竞争格局、重塑我们的生活。如果读者对零售业感兴趣，我们建议你读一读帕科·昂德希尔（Paco Underhill）的《顾客为什么会购买》。

What Is Marketing

第 14 章

造雨者
顶级销售团队是怎样炼成的

> 销售部不是公司的全部,但公司全员最好都能销售。
>
> ——菲利普·科特勒

故事　雷克汉姆的销售天才研究

我们把那些销售业绩极为突出的顶尖销售人员称为"造雨者"（rainmaker），以彰显他们呼风唤雨般的销售能力。长时间以来企业一直非常困惑，那些造雨者是如何塑造的，他们是天生的还是可以被培养出来的？尼尔·雷克汉姆（Neil Rackham）先生是全球著名的销售行为专家，他以研究提高销售效率和成功率著称。雷克汉姆曾带领研究小组分析了35 000多个销售实例，历时12年，耗资过百万美元，横跨23个国家及地区并覆盖27个行业。在这次顶尖销售调查中，研究团队参与到销售人员的实际销售中。研究证明，顶尖销售人员有类似的销售流程。

具体来说，在成功的销售交流中，有经验的销售人员不会迫切地告诉潜在客户产品有多好，而是先了解客户的情况。这似乎与销售人员天生的高效率和急性子相矛盾，实际上这种观点与中国的"欲速则不达"有异曲同工之妙。调研发现，正是这种循序渐进式的销售方式促成了一笔笔大订单，并且使得销售人员与客户之间保持了长期的良好合作关系。举个例子,当遇到需要购买电脑的客户时,销售人员可以先了解客户所在的行业、公司里有多少人需要电脑等基本情况,或者进一步深挖客户买电脑的背后诉求和支付预算等。当遇到与客户"破冰"产生困难时,优秀的销售人员甚至可以从其他轻松简单的话题切入,首先消除与客户之间的陌生感和隔阂。这些"情境性"问题的提出可以帮助销售人员了解客户的背景资料,在此基础上才能进入下一阶段,帮客户做出正确的采购分析。但是销售人员在提问时要注意客户的情绪,以免触及客户的隐私而引起其反感,应当适可而止。

在发现这种区别之后,雷克汉姆便针对销售交易的过程进行行为分析并归纳出足以获得持续成功的行为模式——SPIN(situation,problem,implication,need-payoff,即情景性、探究性、暗示性、解决性)。这套销售流程目前风靡全球销售界,它帮助许多销售人员获得了事业成功。那么在销售流程之外,顶尖的销售人员是否还有类似的特征呢?这些特征可以学习和培养吗?

14.1 销售人员的两大类型和特征

每个人在生活中都或多或少地会面临销售情境。用我们的观念去影响别人、推销我们的想法,这些都是销售。我们可以把销售简单地分成两类。第一类叫作**简单销售**,就是指商超里的零售销售。这类销售原本不创造太多价值,价值主要在产品和服务上。比如顾客买洗衣粉,这时销售人员更多是起到引荐的作用。在简单销售情境下,顾客不愿意过多地和销售人员打交道,他们更加倾向于寻求快速、低价的成交方式。这类销售不是本书探讨的重点,而且这类销售正在被互联网、自动化无人服务所替代。

本书着重讨论的是第二类销售,叫作**复杂销售**。简单来说,复杂销售是一种增值销售,销售人员在销售过程中扮演了非常重要的角色。在这种销售模式下,产品往往是复杂的,而且产品的价值要通过销售人员的帮助来实现,销售人员会帮助顾客梳理问题、确定方案、挑选型号、答疑解惑,最终达成交易。

顾问式销售就是复杂销售的典型,比如卖一款 ERP 软件或是企业培训课程。顾客需求现状的梳理、问题的澄清、方案的比较、产品的选择、执行的范式、商务条件谈判、达成交易、交付机制等一系列过程要经历漫长的周期,而且顾客往往缺乏经验,需要销售人员的协助和辅导才能顺利走完整个流程。在这个过程中,销售人员其实给顾客提供了相当多的价值。一名合格的销售人员往往是 ERP 得以成功实施的关键,一名合格的销售人员也是把重要的课程推荐给客户的关键。在复杂销售情境下,销售人员是企业提供的总体价值的一部分。

14.2　销售团队如何管理和提升业绩

完成复杂销售往往不是单个销售人员能胜任的，需要形成一个团队。比如卖 IT 解决方案的复杂销售业务，就会涉及需求评估、方案策划、制定投标书、中标确认、签约、执行、交付和售后等多个流程，这个过程也会涉及客户公司的多个部门。由于涉及客户公司的多个部门，销售人员就会遇到多种行业认知壁垒障碍。

如果卖一套金融系统软件给银行，当销售人员和顾客进行初步洽谈时，首先，销售人员要能迅速地帮助顾客梳理清楚顾客的需求到底是什么，这个系统要解决的关键问题是什么：是系统的稳定性，还是可开发性？是要解决分布式部署的稳定性，还是要解决集中管理的安全性？其次，销售人员要帮助顾客界定恰当的投资、组织运营结构。最后，销售人员要有效地分析银行业面临的传统挑战和商业问题有哪些、有什么好的解决方案等。所以在整个过程中，只有销售人员对银行业的了解达到专家级水平才能够提出让客户信服的战略性洞察。复杂销售的销售周期往往会比较长，8 个月到 1 年的都有。这种情况下仅靠单个的销售人员很难完成这样一个多阶段、跨部门、跨行业领域的销售行为。因此，在复杂销售过程中，销售团队化是一种常态。

一个销售团队有很多种组队方式。其中一种是 T 型团队结构（见图 14-1），这个"T"上面那一横指的是客户经理。

客户经理作为团队的领导者，必须非常善于维护客群关系，以及能和客户相关人员打成一片，从而建立起来信任。而"T"下面的那一竖代表的是行业专家。

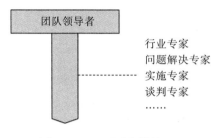

图 14-1　T 型团队结构

有的时候专家不止一个，具体包括行业专家、问题解决专家、实施专家和谈判专家等，并由客户经理来协调这些专家，共同推进专业性服务流程。另外，随着项目复杂性发生变化，不同阶段（比如售前、售中、售后等）还会形成不同的销售团队。

团队化销售是复杂销售的特点，其核心要点在于要给团队成员匹配明显的任务分工和界限。根据我们的研究，一个销售团队的业绩，并不取决于最好或最差的销售人员，而往往取决于所有销售人员销售业绩或销售能力的标准方差。

也就是说，各销售人员的绩效越接近，销售团队的业绩就越稳定。这和踢足球有点类似。赛场上真正稳定的足球团队不是那些有顶级球星的团队，当然也不是那些有很差球员的团队，而是那些球员实力水平相当接近的团队。

企业要想提升销售业绩，至少要做好下列几项工作。首先，企业要识别销售团队中的顶尖销售人员，看看他是如何取得销售业绩的，并把他的一套方法、工具和流程记录下来，做成最佳实践、标准动作和培训课件，用以培养销售团队中80%的业绩一般的销售人员。然后，企业通过集中培训和工作现场教练让一般销售人员也学会顶尖销售人员的销售方法，期望这80%的一般销售人员也能实现销售业绩提升，接近顶尖销售人员水平，从而最大化地提升整个销售团队的销售绩效。如此一来，企业在没有增加任何销售费用和销售人员的情况下就提升了整个团队的销售效果。这个过程我们叫基于顶尖销售基因的销售效果提升法，简称销售效能提升（sales force effectiveness，SFE）。

这里有个很有意思的问题。每个团队中都会有顶尖销售人员，从比例看占公司销售人员的5%~10%，但其业绩往往能占到公司的40%以上。那么，顶尖销售人员的销售才能是天生的吗？这就回到了本章开头提出的问题。雷克汉姆以及其他销售行为专家研究发现：造雨者（顶尖销售人员）的销售才能更有可能是后天培养出来的，而且顶尖销售人员的方法是可以被普通销售人员有效学习的。

14.3 造雨者的特征

我们和雷克汉姆先生跟踪了1000多位销售人员，试图通过这个调研发现造雨者有哪些特征和共性。为什么造雨者的销售业绩那么好？我们首先把调查的工作时间口径统一在8小时，发放了1000多份问卷，还实地观察100多个销售人员每天的工作日程，甚至会参加他们的一些销售会谈。之后我们经过统计发现，普通销售人员和顶尖销售人员在8个工作小时内的工作行为没有太大差别。这里的普通销售人员指的是那些虽然工作很努力，但只能拿到中等业绩的人。看到这个结果，当时我们很失望：难道真的是顶尖销售人员运气很好吗？难道他们天生具有人格魅力，客户见了就想签单？

我们很受挫，但没有放弃。当我们把研究工作时间的口径扩展到8个小时之外后，有了一些有趣的发现（见图14-2）。我们发现那些顶尖销售人员8小时之外的生活是一种成长式生活。通常意义上的陪客户吃饭、喝酒、打高尔夫是一种被动式生活，不是成长式生活——如果搞不定客户，还叫什么成长式生活！**成长式生活指的是积极主动地学习，去接受新鲜事物，去分享，与有趣的人和团队打成一片。**

造雨者不是孤独地坐等生活和事业的意外，而是行动起来主动参与到构建自身能力和社会影响力中，比如学习、读书、骑行、参与聚会等。这是造雨者非常明显的特征。我们发现这些造雨者的动手能力非常强，而且特别愿意进行团队协作，乐于分享自己的见解和帮助别人。我们还发现，这些造雨者往往比普通销售人员具备更加广阔的视野和更丰富的知识网络。

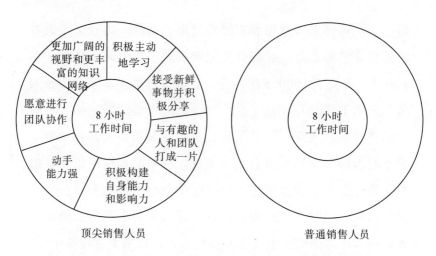

图 14-2 顶尖销售人员与普通销售人员的工作之外时间分配对比

我们还发现了造雨者很多的特质,在本章分享一个令我们印象最深的特点。

在调研中我们发现,一般的销售人员或者那些没有经验的销售人员和顾客谈话时 70% 的时间谈的是关于公司产品的,都是些很专业的话题,只有不到 30% 的时间在聊非专业性的话题。但那些造雨者完全相反。他们与顾客交谈时 70% 的时间都在谈一些非专业性的话题,比如聊一聊家常、共同关注的东西等,只有不到 30% 的时间在谈专业性话题。

我们进一步观察发现,非专业性话题的谈话让顾客更愿意和那些造雨者建立信任,建立有兴趣深入沟通的关系;而那些嘴不停,一直介绍公司和产品的销售人员让顾客不胜其烦。顾客只希望快点结束这场谈话,而且再也不想见到这些人。顾客给普通销售人员打电话时语气可能是干巴巴的,如

"把资料先发给我,约一次电话会议"。而造雨者由于谈非专业性话题激起了顾客的兴趣,顾客会说:"咱们约个时间,一起打高尔夫,好好聊一聊、喝一杯。我还想把我的朋友介绍给你。"

真正专业的销售人员,不会直接谈产品。他们通过和顾客聊些非专业性话题,旁敲侧击,激发了顾客的兴趣和信任,并通过这种谈话,为顾客创造了价值,因为顾客觉得跟他们沟通很有趣,愿意和他们聊。

14.4 造雨者常用的八大话题

我们随后把研究重点放在了这 70% 的非专业性话题上。我们很想知道造雨者和顾客到底谈哪些话题。最后,我们总结了八个经常被使用的话题,这八个话题在不同行业、不同国家间可能会存在差别,但至少在中国是这样的。

第一个话题:国家的经济、政策趋势。这些话题要能深度地谈,至少要达到老一代北京出租车司机的水平。

第二个话题:出国留学和孩子的教育。这些话题往往是客户切身体会且非常关心的话题,要能够较深入、较专业地谈,比如:是应该考大 SAT,还是小 SAT;为什么要选择走 IB 系统;应该初中就出去留学,还是高中才出去,抑或是大学再出去;选择读生物化学,首选康奈尔还是斯坦福;要读电子工程学位的话，是否应该先读预科，再读 MIT，还是直接申请 MIT，这些路径要十分清晰。

第三个话题：移民和投资。有些企业家会因为孩子的教育而有移民和海外投资的需求。这时造雨者可以聊得具体深入些，比如：造雨者可以深入分析现在移居新加坡是不是个明智的决策，要多长时间可以办理好，具体路径如何；现在加拿大爱德华王子岛提名移民还有没有机会；德国的优才计划需要什么样的条件；客户的股票收入和非工作收入到底能不能作为移民加拿大的资产认证。造雨者对这些领域非常了解，会尽可能为顾客提供更多的帮助。

第四个话题：体育运动。造雨者往往会深入钻研一两门体育运动。他们对这个领域中的明星、赛事、技术、趋势、场地了解得一清二楚。比如，造雨者选择了主攻高尔夫的话，就要了解所有场地的风格，要知道为什么每次泰格·伍兹打高尔夫时都有人在拿摄像机录像，录的到底是什么。作为读者的你也可以选择深度研究一下网球、篮球、足球、滑雪等。

第五个话题：婚姻、家庭与爱情。这个话题是人们永恒的话题，特别是当顾客与造雨者构建起信任后，顾客很多时候是很愿意向他们倾诉的。每个人都会面临情感挑战，人们要学会有效地处理各种各样的感情关系，弄清楚遇到不同的情况该如何处理。造雨者要为顾客提出比较明确的案例、方法和逻辑，以及明确的观点。

第六个话题：最新的电子产品和兴趣类产品。因为这些东西很好玩,是能让人们很快获得共鸣的东西,所以造雨者会有意识地储备和更新相关信息。比如:要了解 5D Mark Ⅲ 和 5D Mark Ⅳ 的差别;要了解单反全画幅和全画幅微单反的差别;要知道新上市的 iPhone 11 Pro 的摄像硬件和软件匹配优化特点;要知道人脸识别技术存在哪些潜在的风险;要知道现在用哪款 App 可以反映 iPhone XS Max 构建的机器学习框架应用;要知道怎样玩阴阳师和王者荣耀能排到全球 500 名。电子产品和兴趣类产品是造雨者与顾客之间永恒的有趣话题。

第七个话题:明星八卦。谈论明星八卦永远是安全的,明星八卦是一个非常容易放松的调节性话题。这个话题的信息很丰富,不要谈一些大家都能在网络上看到的东西,要深度挖掘一些不为人知的背后的故事。造雨者会投入一些资源和精力去挖掘,主攻一两个明星,只有这样,才有竞争优势。当你成为一个领域的专家,那么出了娱乐事件的话,别人都会来找你打听消息。

第八个话题:餐饮文化。中国是一个饮食大国,餐饮文化丰富多彩。如果说国外的生意大多是在咖啡桌上谈的,那我国的生意大多是在酒桌和饭桌上谈的。造雨者通常会积累相当多的关于餐饮文化、菜系、如何点菜、如何点酒、酒的历史典故等方面的知识。我们建议读者主攻两三个菜系,选一个酒系,可以是红酒、威士忌、白酒、清酒甚至啤酒。你要能讲出每种酒的饮用历史和方法,对任何小众的酒都能说出它的典故来，最好再配上两三首诗，就显得很有文化水平了。比如，当年乾隆皇帝下江南，出了上联"金木水火土"，让纪晓岚对下联，对不上就打板子。纪晓岚张嘴就来：板城烧锅酒。"板城烧锅酒"拆开来看，刚好含有"金木水火土"这五个偏旁，不仅如此，"板城烧锅酒"刚好结合了当时在酒楼喝酒的环境，入情入境，乾隆皇帝听了龙心大悦。你要是能达到这种水平，就可以让客户对你印象深刻，建立亲近感。

当然，优质的话题不止这八个，当下社会大家都很关心养生和健康，也可以作为话题之一。这八个话题都是非常生活化的话题，但恰恰是这八个话题，能让销售人员与顾客在双方都感兴趣的方面愉快地交流。也正是通过这八个话题的交谈，销售人员才能真正知道：顾客是什么样的人？他在关心什么？我可以怎样帮助到他？但是很遗憾，我们发现，很多销售人员都聊不了这八个话题，他们也许可以侃侃而谈一些高深的理论，但恰恰在谈这八个非常生活化的话题时茫然失措。我们认为，作为一个造雨者或者一个优秀的销售人员，一定要有热爱生活、愿意学习、愿意从事成长性工作的追求。这八个话题对我们认知顾客有很大的帮助，也非常重要。

最后我们还发现，造雨者除了非常善于学习、愿意从事构建性工作，还有一个共同的特征：他们做事情的时候**愿意思考和总结诀窍**。

一般销售人员的特征是忙忙忙，忙到没有时间去思考，忙到按照惯性去做一些日常的事情。而造雨者却并没有那么忙、那么乱。造雨者总在思考，他们一直在总结怎样做事情可以事半功倍，他们一直在寻找解决问题的最短路径和最佳手段。造雨者是一群善于思考、善于总结的人。在当今社会，真正的懒惰不是不愿意干活，而是一种思维的懒惰——按照既定的方法做事，懒得去革新，懒得去反思，懒得跳出圈子去思考。这种懒惰是非常可怕的。销售人员要反思，要杜绝这样的懒惰，要学会思考和总结。

亲爱的读者，**如果你想把销售做好，核心在于你要成为一个能关心别人、具有影响力、能够为别人不断创造价值的人**。你与你的客户构建了值多少钱的信任和关系，你就能卖出值多少钱的产品。在销售中，永远要**先构筑个人关系，即先卖自己，接着是卖公司，然后是卖产品，最后才是价格**，因为到那个时候，所谓的价格都是水到渠成的，客户不会觉得突兀。一见面就先报价，大概率是很难成交的。希望通过本章的介绍，你能思考如何成为一个更好的销售人员、一个创造价值的人、一个更好的自己！

What Is Marketing

第六部分

传播顾客价值

What Is
Marketing

第 15 章

数字时代传播的力量
5A 全链路营销传播

目前我们面临的不再是商品短缺,而是有真诚故事的产品的短缺。

——菲利普·科特勒

故事 红牛电视台：
"挑战自我"精神的全球整合传播

为了提升知名度并且塑造运动形象，红牛公司一直热衷于赞助和支持极限运动与赛车比赛。在极限运动（如跑酷、跳伞、滑板、漂移、冲浪）领域，红牛是最早的赞助商之一。红牛最大的消费群体是18～35岁的男性。为了推广充满能量、高效的生活方式来吸引主要消费者，红牛公司建立了"媒体工作室"，以此来开展几乎所有的内容营销活动。红牛品牌向来偏爱充满冒险的极限运动，并以此作为内容营销的主要素材打造出一个"媒体帝国"。

不同于多数公司通过大量赞助来争取媒体高曝光度的方式，红牛通常是选定在某领域表现突出的优秀选手签约成为代言人并予以独家赞助。红牛严格控管商标出现的频率，只有在这些代言人的身上才见得到红牛品牌商标。

2012年10月14日，奥地利极限跳伞运动员菲利克斯·鲍姆加特纳（Felix Baumgartner）挑战超音速的直播视频在YouTube上吸引了800万人次观看，这几乎是同年夏季奥运会期间 YouTube 观众峰值的 16 倍。视频里，鲍姆加特纳在天空中惊险一跳之时，观众注意到他使用的热气球、降落伞包、座舱印满了醒目的红牛商标。这个刺激又极具观赏性的视频被称作年度十大病毒视频，《福布斯》也评论此次营销活动是红牛有史以来做过最棒的一次。

十分难得的是，在此项内容营销活动中，红牛不仅是品牌赞助商，还是内容制作方。红牛媒体工作室在树立公司品牌形象方面可谓做到了极致。这个于 2007 年投资成立的工作室，不只有自己的杂志、网站、电台和电视台，甚至还拥有独立的电影制作公司和唱片公司。它的员工来自各行各业，有作家、导演、自由职业者、运动员等。

在最开始，红牛并不是先有媒体再进行内容产出，而是品牌创办者迪特里希·梅特舒兹（Dietrich Mateschitz）要求将其举办和资助的活动都拍成影像或照片。当这些内容和素材源源不断地积累下来后，红牛发现它们应该被外界渠道传播出去，以此吸引核心消费者甚至范围更广的客户。为了规范化这些媒体内容，就有了红牛媒体工作室，红牛公司也正式踏上极限运动的内容营销之路。

内容营销的精神是一个品牌必须放弃某些有价值的东西，去换取另一些有价值的东西。它所采取的内容形式通常不是横幅广告，而是特写故事。

15.1 什么是整合营销传播

传播就意味着要代表公司或品牌与顾客进行沟通。它是打破信息不对称,将受众感兴趣的信息传递给受众的一种重要方式。营销中有个词叫作"传播的价值"。我们认为传播本身也是一种价值创造方式,所以需要重视传播的方式和渠道本身特别的价值,在本章我们会主要介绍整合营销的传播理念和方法。

华为产品发布会的现场布置非常有科技感和未来感,很符合产品及品牌的定位。

当然还有另外一种类型,就是坚果手机的发布会,看起来像是罗永浩的个人脱口秀现场,发布会后,我们还戏称不会讲段子的 CEO 不是好的 CMO,以至于在每场发布会召开之前,观众好像都在企盼一场娱乐性表演一样。

究竟什么是整合营销传播?美国西北大学教授唐·舒尔茨(Don Schultz)在《整合营销传播》一书中给出了定义,**整合营销传播是将与企业进行市场营销有关的一切传播活动一元化的过程**,它包括广告、促销、公关、直销、CI(企业形象识别)设计、包装、新闻媒体报道等一切传播活动。整合营销传播以消费者的视角作为出发点,改变了从公司自身角度出发的策略。

在注意力高度碎片化、接触渠道高度丰富、信息过载的时代,整合营销传播会焕发出更大的价值和更鲜明的时代性。

舒尔茨在他的书中明确提到：传播的本质是具有战略性的，应当将传播与公司市场战略进行紧密呼应和一体化思考，传播实施的手段应当是具有丰富的战术性的。在市场中，我们往往会看到企业在战术层面做出了很大的努力，但在战略层面上却重视不足，导致很多战术活动实际上并没有达到它的目的，甚至有些战术活动的实施有损整体战略的达成，这也是无法有效提升传播整体工作在公司战略中的重要性的一个根本原因。

到底该如何系统地开展整合营销传播呢？菲利普·科特勒提供了一个包含8个步骤的方法：**受众的确认，确定传播的整体目标和活动目标，设计传播策略，选择传播渠道，制定传播预算，确定最终媒体组合，测量效果和后续管理**（见图15-1）。我们会为大家重点介绍其中4个步骤——确定传播目标、设计传播策略、选择传播渠道以及制定传播预算。

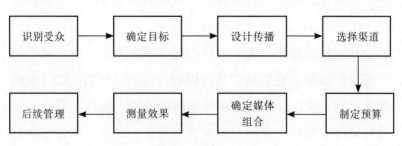

图15-1　整合营销传播的8个步骤

15.2 确定传播目标

首先，企业应当确定传播的目标。在做任何一件事情之前，企业都要想清楚到底为什么要这么干，其目的是什么。这就要求企业的营销人员不能只陷入某个具体的方式方法，而一定是确保该工作服务于整体的传播目标。根据我们的经验，不少企业都疏忽了这个问题，以致对传播的效果不满意。

传播的四大目标

第一个目标，创造产品需求。当有新产品上市或是要推动销售增长时，企业通常会基于某些一般款产品进行传播，这种传播会非常集中。企业要把卖点说清楚，直接指向产品销售。

第二个目标，建立品牌资产。从企业产品的卖点开始，再逐步扩展到整体的形象和无形价值的传递，但不一定会紧密对接到销售 KPI 和销售数字的增长。

第三个目标，深化品牌关系。我们称顾客对品牌的情感态度为好感度和忠诚度，我们要不断地强化品牌的时代影响力。

第四个目标，影响购买决策。传播可以通过特征比较、产品知识、应用案例、应用场景等内容帮助消费者掌握关于选择产品和评判产品优劣的知识。这个过程叫作"树立新购买标准"。

在传播中，企业往往会同时覆盖若干个指标，但不管是哪些指标，传播之前一定要想清楚自己的产品是基于销售推动的，还是基于一种形象而建立起来的；是一种知名度的建立，还是卖点的建立。企业必须清楚的是，在顾客购买历程中应当在哪个点上发力。比如，产品需求方可能会更加关注卖点的塑造，而品牌资产是对整体形象的一种传递，可能不一定会聚焦到销售的推动上。又如，企业不一定要展示产品打折信息，因为企业可能想建立的是品牌整体的价值观和公司品牌整体的定位，而不论公司有多少个产品。这就是一个不同目标间的区别，不要把它们混为一谈了。

根据菲利普·科特勒"顾客购买路径5A模型"中的路径节点（详情请参阅菲利普·科特勒的《营销革命4.0》），传播目标在各个节点是不一样的，如图15-2所示。

传播目标的制定原则

制定传播目标时，企业应该遵循SMART原则，使目标可以有效地指导和衡量后续的传播策略和执行计划。SMART原则包括具体性（specific）、可衡量性（measurable）、可实现性（attainable）、相关性（relevant）、时限性（time-bond）。

⊙ **案例　知乎在不同时期的营销目标和传播目标**

知乎在创业初期预算紧张，营销的目标是迅速破冰并积累种子用户，首要的目标是说清楚"知乎到底是什么，对种

第15章 数字时代传播的力量：5A全链路营销传播

	A1 Aware（了解）	A2 Appeal（吸引）	A3 Ask（问询）	A4 Act（行动）	A5 Advocate（拥护）
客户行为	顾客从过去经验、他人推荐、营销信息与他人推荐，以被动的方式接触到的品种	顾客对所接触到的信息进行整理，从中产生中短期记忆或是加强长期记忆，从而使他们只对个别品牌产生兴趣	顾客以好奇心为动力，主动从朋友、家人、传媒与品牌自身获取相关信息	以更多信息为基础，客户决定通过购买产品、使用产品来进一步与品牌进行互动	日后，顾客有可能以维持、重复购买与对他人推荐的方式对品牌表现出忠诚
内容需求	• 从他人处获取品种相关信息 • 企业品牌和产品信息 • 回忆过去的经验	• 深度企业介绍和企业故事 • 产品使用场景和独特性信息 • 品牌故事和传奇	• 详细产品介绍 • 产品竞争力信息 • 销售信息 • 价格和价值的比较 • 试用查询 • 顾客证明	• 产品购买信息 • 使用产品的推导信息 • 对产品问题进行沟通 • 售后服务信息	• 产品增效信息 • 老顾客优惠信息 • 转介绍信息 • 会员信息
营销任务	获取线索	激发兴趣	购买标准	销售转化	复购介绍

图 15-2 顾客购买路径 5A 模型

子用户有哪些价值"，即创造品类需求；拿到几轮投资后，知乎的营销目标转变为用户规模的增长，要拓宽目标用户的覆盖面，从专业用户向大众用户拓展，此阶段的传播目标为"提高知乎在大众用户中的知名度"。

15.3 设计传播策略

在确定目标之后，企业就需要建立具体的传播策略了。传播策略的核心为三件事：第一，确定"说什么"，即建立内容策略，比如是陈述事实，还是唤起共鸣；第二，选择"如何说"，即确定传播方式和媒体的组合，比如要在机场做户外广告，还是在高端写字楼投放电梯广告；第三，确定"谁来说"，也就是信息来源的问题，比如通过明星代言人还是KOL，抑或是借用忠诚顾客之口传播信息。

传播的内容策略

传播内容是要告诉消费者两类信息：使用体验和满足感。使用体验包括使用中体验、使用后体验和使用附加体验。满足感包括对自我的定义（自我满足）、对社会角色期待的满足（社会满足）以及对生活中任何困境的解决（理性与感性满足）。比如，斯达舒的信息策略主打理性满足："胃酸、胃痛、胃胀，就用斯达舒。"再比如，表15-1列出了不同信息匹配的不同需求。

表 15-1　品牌传递的不同信息

	理性满足	感性满足	社会满足	自我满足
使用中体验		例如，精酿啤酒的醇厚口感	例如，参加品牌环保活动	
使用后体验	例如，让衣服更干净			
使用附加体验				例如，成为喜爱社群一分子的归属感

⊙ 案例　江小白黑标精酿

- 营销背景：2019 年 7 月快消品旺季
- 营销目标：新品推广
- 传播目标：提升品牌知名度
- 目标消费者：年轻人
- 传播主题："敬年轻气盛"
- 广告语："我们只是单纯热爱！"
- 信息策略：附加体验中的自我满足

180 秒的 TVC（电视广告片）集中了滑板、乐队、说唱等年轻人感兴趣的诸多元素，讲述了一群年轻人在生活中不被理解、坚持自我、直面选择、敢于突破的故事。TVC 上线当天，江小白在武汉、长沙等 10 城 livehouse 举办"黑江小白之夜"，请消费者喝黑标精酿。

在确定了"说什么"之后，还要再考虑内容风格是什么。

这里我们要强调的是品牌个性，也就是说品牌要以怎样的风格和特点向目标人群传递。确定内容传播风格时，要遵循独特、深刻而不庸俗、张扬的原则：要先锋，但不傲慢；弄潮儿，但不追时髦；有洞见，但不异想天开；有才情，但不肤浅；怀旧，但不沉迷过去；帅痞，但很真诚；随性，但很专业；敢爱，但不滥情；特立独行，但不玩世不恭，等等。以上这些都构成了鲜明的风格。

表 15-2　江小白的信息传播所满足的需求

	理性满足	感性满足	社会满足	自我满足
使用中体验				
使用后体验				
使用附加体验				集中年轻人感兴趣的元素，讲述年轻群体坚持自我、敢于突破的故事，满足年轻群体的自我定义需求

同一句话、同样的意思可以用不同的方式来传达，但是到底哪种风格和方式更加适合品牌的风格，就值得认真考虑了。其实很多网络流行词并不都适用于特定的品牌。比如当淘宝体新流行的时候，很多企业在网络传播中都采用了这种方式，但**作为企业，并不一定要刻意模仿他人来蹭热点，品牌本身的风格也是可以去挖掘和塑造的，这就叫作文化传播的自信力。**

内容策略除了与公司整体形象相关外，也紧密地对接顾客购买路径。在 15.2 中我们讲述了顾客购买路径的"5A 模型",我们的传播内容要紧密地嵌入 5A 的各个阶段中,有针对性地在每个阶段都为消费者提供最有帮助的信息,推动他们顺利进入下一个阶段。

比如,在 A1(了解,或称需求唤起)阶段,消费者需求产生但还不清晰的时候,企业要提供的内容类型就是知识性和科普性的内容,比如产品的大趋势是什么、产品是怎样进行分类的,等等,从而为消费者建立初步的认知。如果在这个阶段能够把品牌有效嵌入的话,企业就能赢得消费者和市场的好感。

在 A3(问询)阶段,如顾客已经开始进行比较和从社群寻求帮助、建立一些倾向过程的时候,就意味着我们的品类落实到产品和品牌中去了。而在 A5(拥护,或称推荐)阶段,我们就需要强化顾客对我们品牌的忠诚度了。通过产品的使用和产品故事,企业会鼓励消费者上传使用产品的照片,甚至有的企业自己设计 App 以帮助顾客分享。有些化妆品品牌通过自拍软件的开发,让女性顾客将自己使用过化妆品之后的照片修饰得更加好看,从而便于品牌的传播。这种顾客分享使用后感受的方式是非常高效的传播手段,它既是企业的传播内容,又是顾客的社交货币,为顾客的社交活动提供了最大的便利,为他们提供了素材和工具,而顾客的分享传播也会帮助品牌进行二次、三次扩散。

优衣库曾经和知名的设计师建立了一系列的合作。优衣库与设计师在合作的早期往往通过两者合作品牌之间的个性来实现相互借鉴。通过对设计师风格的介绍，激发顾客的好奇心和兴趣。在中期就开始进入产品细节的传播。在这个阶段，优衣库的传播目的是产品销售。而在后期，则通过销售过程中社交媒体的大V体验和分享来引爆跟随者的购买。由于消费者在购物过程的5个阶段的目标和任务不同，因此企业的传播内容也要与之同步，针对不同阶段的消费者进行传播和沟通。

15.4 选择传播渠道

8种常用传播渠道

在确定了传播内容策略后，我们就要选择传播的渠道。有8种常用的传播渠道，其覆盖面非常广，他们是：**广告、事件、促销、公关、直销、移动营销、社交营销、人员营销**。每个维度下面有一些更细的类别，这里不再赘述。

企业在选择传播渠道时需从行业特性（大众、垂直细分）、营销目标、传播预算（高、中、低）、渠道特性（覆盖度、契合度、稳定性、风险性）、目标消费者（量级、契合度）等多维度综合考量和组合传播渠道，并根据渠道特征匹配合适的传播内容。

比如，大众消费品一般选择覆盖面更广的大众传播渠道，B2B行业一般选择便于深度沟通的人员传播和专业垂媒体渠道；预算低的企业选择"自有媒体（如官网、官方微信、官方微博、抖音蓝 V、知乎机构号等）+人员传播"渠道。覆盖度、契合度、稳定性高并且风险性低的渠道是优质渠道。传播渠道的选择没有定规，企业需根据自身需求综合考量。表 15-3 列示了创造品类需求、提升品牌知名度、影响品牌态度、影响购买意愿 4 种不同目的所选择的不同传播渠道。

表 15-3　4 种不同目的对应的不同传播渠道

目　标	社交营销	直销	人员营销	广告	公关	事件	促销	移动营销
创造品类需求	★	★	★	★	★	★		★
提升品牌知名度	★			★	★	★		★
影响品牌态度	★	★	★	★	★			
影响购买意愿	★	★	★				★	★

⊙ 案例　爱驰汽车＆抖音"一分钟爱你 80 秒"

爱驰汽车是一家年轻的本土智能新能源汽车公司，创立于 2017 年 2 月。在品牌知名度尚未建立、首款量产车即将亮相并预售的传播背景下，第一次面向公众大规模传播，在消费者端的认知与竞争品牌有不小的差距。爱驰汽车的特点是新品牌、垂直行业、预算较低、面向年轻群体，传播目标是提升品牌知名度，因此选择了成本更低且更靠近年轻群体的传播渠道：自有媒体＋移动营销＋社交营销＋事件，辅以广告植入。

- 营销目标：首款量产车预售，提升销量。
- 传播目标：提升品牌知名度、影响购买意愿。
- 传播预算：低。
- 目标消费者：一、二线城市，整体年龄结构相对年轻化。
- 传播渠道组合：社交营销（2场定制抖音线上挑战赛）+事件（爱驰抖音联合线下快闪店）+广告（浙江卫视抖音嘉年华直播晚会热门节目植入）+移动营销（抖音、头条、西瓜、火山、优酷、微信、微博、汽车垂直媒体）+自有媒体（公司官网+官方双微+抖音蓝V）
- 传播效果：知名度提升，爱驰汽车的百度指数由项目前平均400上升到6000以上；"一分钟爱你80秒"抖音挑战赛视频总播放量16.7亿+、总点赞量5280万+、总评论量300万+、转发量174.4万+、作品上传量31万+；爱驰抖音联合快闪店，3天人流量25 000+人次；爱驰抖音蓝V账号在一个月内的粉丝量从114飙升至10万+；活动期1周内，微博粉丝增长率高达857%，微信粉丝增长率高达633%。

3大类数字媒体

除了以上8种媒介渠道之外，我们再换个视角讨论一下3大类型的数字媒体，包括付费媒体、转发媒体和自有媒体。

付费媒体，通常指需要付出广告费才可以获得推荐的媒体，比如付费大V推荐、网络视频的贴片。

转发媒体，是一种免费的媒体，由于企业品牌影响力、优质的内容或者互惠互利的交换关系而激发的二次、三次传播，比如用户的好评口碑、晒朋友圈、病毒营销等。转发媒体的本质是借助他人的渠道，最终变成自己的渠道，但在这个过程中，企业自身必须具有足够的价值才可以和别人进行这种交换。

自有媒体，即企业直接拥有或控制的媒体，主要包括公司官网、公司官方微博、微信公众号、视频频道、用户社群、知乎等，都可以称为自有媒体。这些自有媒体可以根据内容类型和目标受众的不同而形成一个企业自有媒体的矩阵。这是一个系统工作，企业要确保自有媒体站点和平台之间的信息更新同步，内容制作多样化和协同。切记：不能把一个媒体的内容生搬硬套到另外一个媒体平台。比如，不少企业的微信公众号或者官方微博变成了公司官网的缩小版，反而失去了社交媒体应具有的互动性和构建私域流量的功能。

在数字营销时代，一些很有趣的变革正在发生。4P的界限开始变得模糊，产品、渠道和媒介正在融合，越来越多的产品本身正在成为传播媒介，比如，江小白通过社交文案包装的方式，使每款产品的包装成为它的一种传播渠道，通过扫码及时建立起和顾客的关系；又如，三顿半咖啡中颜值很高的系列型咖啡罐成了前沿人士和咖啡爱好者的社交货币，这些喝空的高审美咖啡罐有相当高的成图率，顾客也愿意在朋友圈进行分享。钟薛高汉瓦形状的雪糕由于其敦厚周正的口味和独特扎实的造型以及排队购买的稀缺性也成为年轻人的社交货币和朋友圈网红。

此外，不少媒介也正在成为带货的分销渠道。顾客在抖音视频中发现了自己的兴趣点，马上就可以通过屏幕上的购买链接下单。淘宝直播造就了李佳琦和电商新品类冠军——彩妆。小红书、小蓝书这种"种草"平台的崛起和一条、二更等内容电商的稳步发展，都说明了媒介和内容构建的场景可以顺畅地向购物场景转化。传播的过程就是销售的过程，企业有机会将原来分离的销售和传播过程融为一体，极大地缩短了消费者的购物路径和时间。这就是数字时代基于技术进步为企业和品牌带来的新范式。

15.5 制定传播预算

在确定了传播渠道之后，就进入了制定预算的环节。现在市场传播的预算可以称得上是非常之庞大了。从某种意义上讲，在资本力量的推动下，很多企业的发展都是以大量的市场传播费用作为基础和重要手段的。

在这里，我们为读者总结了 4 种在市场中可以得到应用和体现的方法。

量力而行法：在企业预设的盈利空间内，将传播预算作为成本而合理投放。这种方法的问题在于忽略了传播对于公司业绩增长的直接推动，以及品牌资产的后期积累，所以没有将传播当成品牌资产的投资。

销售比例法：这种方法是以销售收入作为基准测算传播投入的方法。这种方法无法进行反周期的推进。当销售收入下降的时候，为了获得销售收入的提升，就需要更大的市场投入。如果市场投入还是一个固定的基数，可能会陷入一种恶性循环——销售收入越小，市场投入越小，无法获得更大的市场推动作用，这样就会非常被动了。

竞争等价法：向竞争对手看齐，为了达到竞争对手同样的曝光率和渗透率，要做多少的传播投入。这是一种非常直接的竞争手法，但企业在用这种方法前要慎重，要确认企业目标和阶段是否与竞争对手相类似。从某种意义上讲，传播阶段和竞争对手进行硬拼的话，很多时候会耗费企业宝贵的资源。所以企业一定要慎重考虑是不是要采用这种办法，是否还有其他更好的方法。

目标任务法：将公司的竞争目标分解为认知率、曝光率、到达率等具体指标，计算得出传播预算。从过程来讲，我们比较推荐基于目标任务来制定传播预算，当然在预算过程中，企业也需要将传播的效果和预算进行有效的结合。比如，品牌资产的建立对销售的促进作用和企业传播投放的金额之间是否有比较强的关联。

我们并不认为一定要将销售收入和广告进行直接关联，而是要强调传播投入是不是和企业想达成的目标之间强相关。如果企业想要打造品牌或建立知名度，那么企业的目标并不是要通过这一次传播活动达到1000万元的销售收入,而是要为产品推广和价格制定提供一个高的市场知名度和美誉度。这个时候,企业的传播指标更看重品牌提及率、购买意向度和美誉度。比如,二手车交易网站——瓜子和优信,两家的年度广告费、推广费都已经超过10亿元,竞争对手也基本上达到了这个量级。它们采取的是"竞争等价法"。因为一旦哪家企业降低了传播投入的话,车源获取量就会下降,竞争优势就会被削弱,从而导致企业不得不进入一种火拼的状态。

What Is
Marketing

第 16 章

我们都属于社群
数字化社交关系营销

营销思维正在从"试图从每笔交易中最大化公司利润"转向"从每种关系中最大化长期利润"。

——菲利普·科特勒

故事　乐高迷的圆梦时刻

　　乐高（LEGO）是创立于丹麦的全球知名玩具品牌。2008年，乐高创建了一个"与用户共创"的社群平台——LEGO CUUSOO，2014年更名为LEGO IDEAs。

　　创立以来，这个专门为乐高粉丝圆梦的平台总是能引起全球乐高迷的热烈关注。LEGO IDEAs社群网站给用户提供了这样一种玩法：乐高的粉丝可以在LEGO IDEAs站内发表自己的原创作品，方式有两种：一种是用乐高提供的软件来搭建模型并上传；另一种是用乐高积木搭成实体作品，拍成清晰好看的照片发表。粉丝也可以通过投票参与其中，他们为自己最喜欢的创意作品进行讨论评选。如果哪位用户上传的作品在有效时间内被10 000名"乐高迷"支持，乐高官方团队会对其评审，最终通过评审的项目将变成一个真正的商品，并在全世界范围内量产发售，而提案者也能得到销售额1%的奖励。

　　LEGO IDEAs系列产品一直种类繁多且创意无限，可以说完全归功于这个社群平台。对于乐高爱好者而言，有什比将他们的设计理念放在货架上更有吸引力呢？有了 LEGO IDEAs，任何喜欢乐高的人，都可以查看提案，投票选出他们的最爱，留下反馈，并提交他们自己的想法，让最受欢迎的产品进入市场。这个线上社群不仅为乐高品牌提供了出色的市场数据，还有助于让全球消费者对正在进行的竞赛感兴趣，且有参与感。

可想而知，这些产品往往都是一经开卖便销售一空。

16.1 什么是关系营销

在正式介绍关系营销之前，我们先来梳理一下中国市场竞争的主要发展历程。在数字时代来临之前，**传统市场竞争主要基于两个空间的争夺：一个是基于实体货架空间的争夺，另一个是基于认知空间，也就是受众脑海的争夺**。

我们称之为一虚一实，基于这些争夺形成了两个比较典型的流派：一个叫作**天派**，另一个叫作**地派**。天派擅长通过大众传播渠道进行形象传播，从而与消费者建立联系，并希望通过这个方式构建起品牌的忠实消费者。这种消费者到线下销售终端进行购买的时候，明确抱着就是要买飘柔牌洗发水的念头，这就会产生一个很大的优势。但这种方式需要企业投入大量的资源，要求企业具有较强的投放实力和建立品牌形象的专业能力。天派的主要代表是进入中国的一些跨国快消品巨头。

面对与国际企业的残酷竞争，如果你的企业没有能力和巨头企业进行大规模传播的比拼的话，就只有另辟蹊径。从终端购买入手，通过终端大量的促销活动，诱导消费者在最终购买时刻进行转化。在这种情况下，要想比天派获得更加持续的收益，就必须将这种基于终端一次性消费场景下的竞争转化成一种持续的竞争。同时从一场竞争变成基于顾客与企业联系的整个生命周期的竞争，把这个竞争的时间拉长，获得更多的联系和互动，并借用这种方式对它进行锁定。这种观念的不断演化、发展和完善，最终就形成了今天所说的关系营销的概念。

其实关系营销这个概念在20世纪80年代时就被一些北欧学者提出：在基于服务的市场和工业品营销市场中，企业应该与它的顾客或者是受众建立长期的互动，以便更好地为顾客服务，更好地了解顾客需求，最终建立起一种持续的甚至是互相融合的合作关系，而这种长期的合作状态，我们称为关系营销。

其实，关系营销就是要把营销活动看作一个企业与消费者、供应商、分销商、竞争对手以及政府发生互动的持续过程，其核心是建立、发展与公众良好的关系。当把时间线拉长时，关系营销奠定了企业与目标顾客之间持续交易的基础。

现实中，关系营销往往是以一种社群的具体形式而沉淀、保留和发展的。这里的社群指的是一群基于共同的目标、兴趣和愿景的人（这个愿景包括内容、情绪和目标等具体内涵)而形成的一种组织,可以通过共同的仪式强化成员之间的认同,而不只是一个简单的人群或者微信群。虽然说表面看都是一个具体的聚集,但是社群的凝聚力和影响力是非常强的。

16.2 数字化时代的社群营销

其实早在传统时代,这种顾客的群体——社群就已经存在了,比如著名的哈雷车主俱乐部(HOG)。沃尔沃也为那些幸免于车祸事故的车主建立起一个俱乐部,这就更加强化了社群会员内部的价值感和归属感,从而获得顾客的高度认同。

社群其实由来已久了,但在数字时代基于社交媒体的新发展呈现出了一种新的形式——自媒体,如微信公众号。科特勒咨询集团建立的公众号就有很多对营销感兴趣的朋友聚集在这里,获得我们及时推送的最新观点,这就是一种社群形态。再如,官方微博的很多关注者最后也会形成我们的社群。而网络的论坛形式其实也是一种构成社群的不同形态。调查发现,中国九大城市 2000 万个微信用户中,有 60% 的受访者表示他们会关注 6~20 个微信公众号。其实我们每个人都不仅仅属于某一个社群或部落,基于这样的交叉关系,就容易产生所谓的病毒性传播,这就会构成二次传播甚至是三次传播的基础。借助不同社群成员之间的交集,就有实现自传播的可能性，这是一种非常理想的状态。

社群的特征

我们归纳了数字时代的市场中社群的六个特点。

第一，社群一定会有优质内容作为流量入口。说白了，就是要有吸引对方加入我们社群的能力。说得专业点，就是要建立起一套基于内容的立体价值主张，让大家自愿加入其中。

第二，要建立社群就需要有自己的意见领袖。这个意见领袖要具有初期的号召力和后期持续的吸引力。

第三，社群要有固定的数字化社交平台和线下活动的场所，而且应当是一种需要维护的、持续性的活动。比如，各个车主俱乐部在线上建立微信群的同时，线下还会定期开展诸如聚餐、与产品结合的自驾游等社群活动。所以社群不只是我们看到的微信群，背后还会配合线上线下的互动、活动。同时社群可以自发地运营，但背后一定要有企业的引导和日常运营的维护。这是非常重要的，否则建立的社群很可能会变成一个广告泛滥的群，"群主"要及时把这些人剔除。此外，我们还要为社群的日常活动积极地做好准备和策划。值得注意的是，这也是一项非常专业、细致的日常工作。

第四，数字社交化媒体的发展，使得现在的社群可以超越地域和时间的限制，甚至可以实现全球覆盖，只要能联网就可以随时收到信息，社群成员之间也可以实时地互动。这就显得比传统时代更加灵活、更加强大了，也就是说增加了更多的价值。

第五，数字时代社群的功能高度发达，已经不再只是一个将人进行简单集结的过程，还可以进行产品销售、互动式研发、人员招聘等活动。所以说，现在的社群能做更多的事情了。

第六，社群有自组织能力并能自我发展。社群和会员俱乐部最大的差别是社群有很强的自组织特征，社群会员之间是互动的和认同的。社群的存在是因为各个会员的聚集和贡献，社群是有自我"裂变"能力的。会员俱乐部则是企业主导的顾客管理组织，比如，国内三大航空公司都有会员俱乐部和积分制度，各个银行也推出各种级别的会员，但是严格来说，这些不是"社群"，而是企业顾客关系管理体系的一部分。

从私域流量到私域社群，再到私域 IP

按照社群标准来看，现在流行的"私域流量"算不算社群？大多数私域流量以微信群的方式存在，是企业与潜在顾客建立和保持关系的一个工具，并不是社群。由于私域流量的企业导向和销售导向太强，因此，绝大多数私域流量的活跃度、转化率、客单价、保留率都十分不确定。

要想提升私域流量的价值，就必须进行社群化改造，也就是要按照六大社群的标准进行建设。这个改造的核心是"IP化",最终变成基于专业知识或者强大人设的"私域IP"。比如,完美日记作为一个起步于线上的化妆品品牌,通过"种草学"这种以知识分享为核心的IP营造手段向消费者提供包括评测、教程、画法、对比、合集等非常有场景的知识,从而把来自各个公域的流量(平台电商、小红书、头部和腰部公众号)成功地转化成"私域IP"的粉丝,获得了巨大的成功。类似的例子还有很多,如美食领域的李子柒用视频打造"人设",化妆品领域的HFP,手机领域的小米,在线教育领域的三节课,等等。

社群中的四种关系

强大社群创造了成员、企业、产品、知识信息四者之间的动态互动关系。

第一,社群成员之间的关系。社群成员主要包括意向消费者、忠诚顾客、企业内部人员、外部专家、意见领袖等各个来源的人员。各个成员的知识背景、看问题的视角、使用目的的差异产生了极为丰富的观点、洞察和知识。因此,成员之间的互动最大的贡献在于它创造了社群的信息价值——社群自身扮演了信息提供者和信息价值创造者的角色。社群成员和企业都将从中获益。

第二,社群成员与企业之间的关系。虽然说企业是一个法人概念,但在社群建设时还是强调要为企业建立一个"人设"形象,这就需要将企业拟人化的形象植入社群中。全球著名的工业制造企业ABB集团在中国进行市场传播的时候，就在官方微博的宣传中使用了ABB个性化的音译。一家具有悠久历史的企业，通过这种拟人化的形式在社群中进行拟人化口吻的传播，给人的感觉是这个企业像人一样真实存在，有温度、有态度。企业在社群中的贡献在于提供专属产品、发起事件、传播知识和顾客关怀。

第三，社群成员与知识信息的关系。企业在社群中会围绕着如何帮助社群成员（顾客）更好地使用产品这一重点来提供实用的信息和知识。小米为它的社群成员提供了很多关于使用小米功能的典型信息，然后最大化地发挥硬件的价值和作用。另外，企业还要围绕社区成员的日常生活场景提供知识和诀窍。企业不要觉得一些信息和产品无关就不用向社群成员提供，实际上企业为顾客提供的应该不只是所谓的使用价值，更要提供关于使用情感、审美和价值观的一些信息，围绕着顾客生活形态的信息其实更能引起成员的喜爱和共鸣。思科在不同的平台中都会建立自己的主页、视频账户、视频达人秀，通过这样的方式建立社群，并在社群中推送产品使用诀窍、典型案例、行业发展动态等信息，使思科的顾客或者是社群成员更好地理解产品的功能，理解他们为什么需要思科的帮助。

第四，社群成员与产品之间的关系。产品是社群存在的物质基础和交流主题。数字技术的发展使不少产品成为建立关系的入口，自带流量和社交功能。比如，通过植入芯片，耐克就可以使它的跑鞋和手机 App 进行互联，记录每天的运动状态。耐克与腾讯合作的"奔跑吧"致力于建立起产品和顾客之间生活方式上的联系。现在越来越多的企业在产品包装上使用二维码，扫码就是加入社群的第一个动作，此后还能获悉整个产品上游制造的过程。

16.3 如何搭建好社群

建立一个具有吸引力和生命力的社群，最核心工作就是定义社群的价值。

社群的四大价值

我们总结了社群具有的四大价值：经济价值、信息价值、社交价值、社会价值。构建这些价值体系，才能将潜在消费者吸引进来并使得他们持续地留在这个社群中。

经济价值。人们加入社群中可以获得的产品专属特权和优先的服务，就是所谓的经济价值。比如，成为小米的会员后就能获得一些免抢购、免预约的新品购买优惠，这是一种实实在在的经济利益。

信息价值。用户参加社群后可以获得优先信息或者内部信息。比如，在 B2B 行业中，潜在顾客注册成为会员并提供邮箱后就可以获得行业年度报告和白皮书。这个过程其实就是企业社群拉新的过程。小米公司会经常在它的社群中推送一些小功能的提示和新功能的诀窍，这些都是社群提供信息价值的例子。

社交价值。社群帮助成员获得同类的认同、赞许和帮助并建立起归属感。比如，哈雷俱乐部举办的大量的线下骑行和社交活动，实际上就是通过一种活动的形式获得社群的存在感，使人们感到更加安全和可靠。

社会价值。通过产品使用或一些社交活动使人们产生更多的参与感与存在感，并获得个人在社会发展过程中的意义感。仍以小米为例，公司通过产品研发阶段与消费者的互动，使消费者充分认识到小米的产品中也有自己的贡献和作用。消费者感觉他们既是产品的购买者，同时也是产品的创造者。消费者的能力通过这个产品得到了实实在在的体现，也就非常愿意向朋友们推荐。参与感是非常重要的一个价值。企业需要考虑的是在产品的创造过程中顾客可参与的点在哪里。如果产品的研发过程难以让消费者参与进来，那么可以在产品的使用过程或是创造社会价值的过程中让用户参与进来。比如，在保护中国非物质文化遗产留下影像的过程中，通过产品赞助和植入，使很多产品的购买者自愿加入这个活动，通过对自己身边事物的关注，保留一份影像和记忆，这就是一种参与感的建立过程。

小米的每次系统更新都能让很多顾客找到自己的兴趣点和可以参与的地方。这就是对以上四个价值的整合。

对于社群建立和角色管理来讲，不只要注重规模，更要关注在社群中建立的关系以及关系强度。我们可以把社群关系总结成三个层面：**信任关系、幸福关系和信仰关系**（见图16-1）。如果只是基于产品使用功能的话，可能只会形成一种信任关系；通过使命层面的共鸣，则可以建立幸福关系；如果能帮助成员进行个人实现，实现个人层面无法实现的目标，就能形成一种所谓的信仰关系。这就是我们在品牌资产环节提到的建立顾客共鸣，使品牌与顾客之间形成一种非理性的信任关系，这就升华成为信仰。

图16-1　社群关系的三个层面

社群对企业的经济回报

运作良好的社群将给企业带来巨大的回报。从商业角度来看，建立了一个具有内部凝聚力和活跃度的社群后，就要实现我们的商业目标——利润。

有四种方法可以实现社群的经济回报。

第一种方法，社群资格商品化。最简单的方式就是收取会员费，比如，"知识星球"上的付费知识群、山姆俱乐部、樊登读书会、携程超级会员等都是这种回报模式。

第二种方法，社群关系渠道化。比如，通过自有品牌产品的服务和延伸、通过别人和产品的转介绍、通过自我产品的提供等，很多的社群在入群成员互相认可的基础上由各个成员相互推荐的方式提供整个社群可以选择购买的产品。比如，当一名社群成员对产品的使用感觉良好的时候就会向别人推荐。在这个过程中，社群成员同时也会是产品的提供者，大家也可以分享推荐。一种直接的形式就是"社交电商（微商）"，基于社群的销售。"消费商"和"裂变"这两个名词描述的就是这种既是消费者又是经销商的人群扩张状态。

第三种方法，社群关注媒体化。社群成为信息传播的一种渠道是当下很常见的商业实现方式。比如，通过圈层的扩散营销，大V周围聚集了大量的粉丝，基于这种传播很容易吸引到追随者。如果信息具有足够的社交传播意义的话，这些社群中的跟随者身份会随之发生转变，会在另一个社群中把这个信息进行再传播，就会形成二次传播。媒体在这个过程中会发生这种传播作用。一些能创造高质量内容的企业，慢慢地就会将它的内容进行广告转化。在当前为知识付费的年代，除了通过会员费的方式，很多都是通过广告回报的形式实现自我商业价值。

第四种方法，社群信任市场化。KOL产品信息推荐和评测就属于这种类型。Top Gear 是一个非常专业的汽车产品评测节目，有由大量忠实粉丝构成的社群。每期节目都会通过对汽车的实地驾驶来展开，使得观众在这个过程中可以了解到这个产品真实的使用状态和性能。这个节目的本质就是一种饶有趣味和极其专业的产品推荐。很多汽车品牌愿意跟它合作，向节目组提供自己的车来录制节目。

通过以上四种方法，企业可以积累起大量的社群成员数据和行为数据。这些数据会成为企业重要的数据资产。分析这些数据，可以为企业的营销活动提供更好的指导，这本质上也是一种价值。

成功营销的核心之一就是企业与顾客建立持续的价值关系，在数字时代，社群是这个价值关系的平台和载体。企业能随时用一种友好的方式与顾客保持有价值的互动，而不是只在顾客购买的那个时刻和他们产生关系。

What Is
Marketing

第 17 章

数字化时代的营销战略
4R 模式

故事　欧莱雅的千妆魔镜App

欧莱雅于2014年10月14日在中国推出了革命性的数字产品——千妆魔镜App。过去，顾客在欧莱雅的线下专柜购买彩妆，始终受到时间与空间的限制，他们只能在门店的营业期间购物，并且线下实体店的选择也有限。为了帮助顾客和美妆爱好者突破门店营业时间和展示品种的限制，欧莱雅推出了"千妆魔镜"App，它采用了增强现实技术，消费者只需通过智能手机的前置摄像头，就可如照镜子一般地试妆。

这款美妆App自同年戛纳电影节起就陆续在欧美多国推出，同时在国际时尚圈掀起了前所未有的美妆风潮。据统计，千妆魔镜当年的下载量就多达1400万次，至今已有超过2.5亿人使用。

千妆魔镜是欧莱雅研发中心与好莱坞大型电影工作室跨界合作的成果。它实现了高度逼真的上妆效果，让顾客试妆不再局限于线下实体店。通过千妆魔镜，消费者可以享受一站式试用产品、专属彩妆师指导、妆容分享以及购买的多维度互动体验。这种创新的一站式体验消费，开启了欧莱雅的电子商务新时代。

无论身在何地，只要有网络，消费者在千妆魔镜里完成产品试妆后，即可经由千妆魔镜直接前往欧莱雅官方网站购买心仪的产品。可以说，这个高科技美妆App的成功推出使得欧莱雅从以前的品牌公司转型成了一个数字化公司。同时，在掌握消费者的彩妆品偏好后，沉淀的客户数据也让欧莱雅可以为消费者提供个性化推荐，提高消费者的满意度。

17.1 数字化时代营销战略的变化

我们经过系统地研究，在2017年提出了数字时代营销的4R新模式，并出版了《数字时代的营销战略》⊖，对4R模式的总体逻辑、实施方法和实操工具进行了详细介绍，读者可以自行延伸阅读。

为了便于读者更好地理解4R新模式，我们会介绍3个案例。读者不妨也想一想，如果你是这3个案例公司的营销负责人的话，你将会怎么做？

⊙ **案例　雪花啤酒**

第1个案例就是在第2章中详细介绍过的"雪花啤酒"。

⊖ 曹虎，王赛，乔林，等. 数字时代的营销战略 [M]. 北京：机械工业出版社，2017.

我们通过市场细分,选定目标人群为成长起来的新一代"80后"。用雪花啤酒定义"畅想成长",从而定义成新一代人喜欢和偏好的啤酒。以此作为一个重要的战略机会入口,找到新增市场。

如果这个案例发生在今天这个数字化时代,我们的做法可能就会不一样。为了打造未来最有潜力的新兴啤酒品牌,首先,我们会搜集电商平台的数据,将人群按照数据标签和购买的不同产品组合进行划分。这些基于数据标签描绘出的用户画像,会让我们清楚地看到不同细分市场的机会在哪里。比如,通过标签,我们能准确地区分出 1980~1985 年、1985~1990 年、1990~1995 年、1995~2000 年出生的消费者,每一代人在网上购买啤酒品类、品牌、口味、偏好的差异。

我们之所以能够获得这些数据,是因为消费者在线上的购买行为、交易内容,甚至消费轨迹都可以被记录下来。比如,消费者先点开哪个页面,从哪个品类跳到了哪个品类,又比较过哪些竞争对手的产品。这个过程我们称之为"消费者行为的数字化"。企业通过对消费者行为数据及消费者身份数据的综合分析,就可以获得关于这个消费者的非常丰富的信息,好比开启了上帝视角。

当了解了不同细分市场的消费者喜欢什么品牌的啤酒后,我们就可以把一些刚刚兴起的、市场关注度不高的线下品牌并购过来,甚至是一些从国外刚进驻国内的一线品牌。

这种并购并非基于财务,而是基于"品牌增长力",是一种品牌战略决策。如果我们能比竞争对手早3～5年并购这个品牌,就能提前3～5年锁定新增市场的机会。这种模式在传统市场中是完全看不到的。

⊙ 案例　美多姿

第2个案例介绍一家母婴产品厂商——美多姿,它是一个国外品牌。我们应该如何去识别消费者呢?之前介绍过,市场营销有个很核心的要素就是识别目标客户,细分是识别目标客户的一种方式,定位则是为目标客户赋予一种价值主张,本质上也是识别目标客户的一种方式。当年还是红孩子的时代,红孩子的销售持续增长,其目标用户主要在母婴医院,企业通过线下发传单或者通过线上广告来获得用户的关注,但是线下发传单比线上发广告更精准一些。在今天的数字化时代,我们可以找到一些其他的方式来帮助美多姿识别客户。不妨来看美国的一个案例,这已经变成大数据领域家喻户晓的一个故事了。一位父亲收到一封邮件,邮件中推荐了很多孕妇用品,暗示他的女儿怀孕了。这位父亲非常生气,去找商家理论,最后询问发现他的女儿真的怀孕了。其实商家就是通过大数据不同品类产品之间的关联来推测一些行为可能暗含着怀孕的意味,如孕妇时期的一些消费型产品。其实,只要懂得利用数据,识别客户的方式是非常多的。

手机中很多App的背后都有一种SDK,SDK是App中的一个插件或者一个小的程序。通过这些东西，消费者所装的 App 就可以识别出来手机的使用者是不是在孕期。比如，手机使用者安装了美柚孕期 App，或者装了胎教盒子 App，就可以通过 App 中数据和经期进行比对，从而判断出手机使用者是否怀孕，甚至可以识别出使用者在怀孕的哪一个周期中。比如，手机使用者突然月经数据不正常，就可以判断她刚刚怀孕了。这是一种数据挖掘的方式。现在手机与人之间是紧密捆绑的关系，很多情况下，我们把手机看成人类的一个器官，人走到哪里，手机便跟到哪里。现在的大数据是能够检测到消费者活动的位置的，所以企业就可以在妇幼医院中打上一个地理信息标签的围栏。只要是进入这个围栏中的女性，企业就可以通过她安装的 App 类型来判断她有可能是企业的目标客户，甚至还可以对这些地理位置的信息进行回溯，去查找她第几次去这家医院，以推算她处于孕期的哪个具体时期。这就大数据的神奇之处。

互联网公司和快销品企业每年有大量的广告和市场活动费用。很有必要反思一下：花了这么多钱做市场推广与广告，企业该如何检测这些市场推广和广告费用是否真正提升企业品牌的知名度了呢？传统方法是做消费者的事后调研，但是这种做法的难点在于样本规模和数据的准确性。现在，企业可以把社交平台中消费者所发表的评论整理成结构化数据，并把这些数据变成一张图谱——"顾客反馈可视化"。企业可以分析顾客反馈中的高频关键词，看一看顾客讨论中的关键词与企业的品牌定位是不是匹配的，出现了怎样的偏差。这种检测对品牌定位传播的执行和优化有极大的帮助，这也是大数据在营销上的作用之一。

⊙ 案例　迪士尼

第3个案例是迪士尼。假如你是迪士尼乐园的总经理，你会如何改进游客的体验？

我们在第10章中介绍过MOT（moment of truth，真实瞬间或关键时刻）这个服务优化的工具，星巴克、迪士尼、海底捞等公司都在用它来设计和优化顾客的服务体验。通过对顾客和企业的每一个触点进行设计，抓住那些关键时刻，并使其可执行、可量化，最后就能够得到一个完整的"顾客旅程地图"和执行方案。

在数字化时代，企业有没有更好的方式来完成顾客体验的提升呢？迪士尼的做法就很有启发性。迪士尼近期推出了一款数据手环，每位进入迪斯尼乐园的游客都会戴上它，并下载一个配套的、集合了众多服务内容的App。数据手环不仅可以实时记录游客的游园动线、消费时间和等待时间，还可以通过内嵌的传感器感知游客参与每个项目的情绪起伏，并把这些数据上传至云端进行分析。数据手环就是游客行为和体验数据的入口，为迪士尼改进游客体验提供了巨大的机会。迪士尼拥有强大的品牌号召力和丰富的优质内容输出能力,游客离开迪士尼后仍旧可使用 App 获得最新的内容和游戏。数据手环和 App 就是企业与顾客之间的数字化连接器,它把顾客与企业之间原本单向的理解变成了顾客离开企业服务空间之后衍生服务的平台。

对于今天的企业来说,最热门的词语是什么?增长?互联网转型?数字化转型?还是数字化营销?遗憾的是,在解决 CEO 和经理人所面临的问题时,大部分理论和方法都力有不逮。也有很多人提出了数字化转型的方法,它们大致分为两类。

第一类叫作"转型思维",比较典型的就是近年来流行的互联网思维。比如平台化,就是讲求简单、专注、连接;再如用户导向,也能解释一部分原理。但"转型思维"在提供可落地的路线图方面,就比较模糊了。

第二类叫作"转型工具",比如建立云架构,做数据技术,建立社交化客户关系管理系统(SCRM),制定中台战略和搭建中台系统,进入短视频和直播平台等,不一而足。这些都是局部的、具体的方法,但再快的小李飞刀也代替不了战略布局和兵法策略。

在此,我们提出第三条路径:范式变革方案。这是一整套数字化营销解决方案,从顶层设计到实施蓝图,更具体地说,就是从"4P"到"4R"的数字化营销模式转型。

目前,大部分企业对数字化营销的讨论都还止步于数字媒体的投放，比如说 DSP（需求方平台）、DMP（数据管理平台）、SEO（搜索优化）。整个公司的数字化营销转型缺少一个由上到下的高于执行端的顶层设计。这个困境就像在 1967 年之前，营销已经有了产品、价格、渠道、推广的 4P 营销组合，但是科特勒把它上升为一整套营销管理思想、框架和模式。当下，我们也需要构建一套数字化时代的营销战略，发展一种新的模式。

17.2 营销的数字化转型

本节主要论述数字化营销转型三个层面的问题。

- 第一个问题：如何用战略的眼光看待目前市场和行业的颠覆性机会？
- 第二个问题：数字化营销转型的顶层设计是什么？
- 第三个问题：数字化营销的落地模式和机制是什么？

先来讨论一下第一个问题：数字时代的颠覆性机会。

在数字化产业实力和规模上，各个国家的发展极不均衡。占据战略制高点、拥有核心竞争力的数字化国家只有中国和美国，而欧洲和日本已经被边缘化了。全球互联网和数字化设计师的人数在 20 年间涨了 120 倍，腾讯的股价从 2004 年到 2018 年翻了近 180 倍，哈佛商学院的教授开始学习用微信建朋友圈，科特勒先生也在学习使用 Tictok（抖音国际版）发短视频和做直播……这是一二十年前无法想象的,中国企业迎来了最好的时机。

按照企业的发展速度,我们把企业分为三种类型。

第一种是**增长黑洞型企业**。中国不少传统企业都属于这种类型,即收入的增长速度小于成本的增长速度。

第二种是**线性增长型企业**。通俗来说就是等速增长,比如每年增长10%。大量成熟行业、成熟模式、经营状况良好的企业都属于线性增长型企业。

第三种是**指数增长型企业**。比如,饿了么成立于2009年,至2019年其平均日交易额已突破2亿元,是典型的指数级增长。再比如,数字化改造后的丰田汽车,市值近2000亿美元,已经远超戴姆勒、福特、通用三大汽车公司。三大汽车公司中市值最高的也不过六七百亿美元,而丰田仅用了3年时间就超过了一家基业长青的企业。

按照企业的数字化速度,我们也可以把企业分为三种类型。

第一种是**原生型数字化公司**,如百度、阿里巴巴、腾讯、字节跳动、谷歌这种生于互联网的公司,提供的产品、服务和客户关系都是数字化的。

第二种是**再生型数字化公司**,如苹果、小米、美团、携程等,是从传统的业态和行业开始,通过互联网化、数字连接变成了一种新的业态。这类公司的估值要比传统公司高十倍甚至百倍。

第三种是**传统公司**,企业完全没有数字化或者仅限于职能部门的信息化。

企业数字化转型的焦点在于传统公司如何转型成为再生型数字化公司。

传统企业数字化转型的全景类似于金字塔结构,有三个层级,如图 17-1 所示。

图 17-1　数字化转型的全景

第一层是**数字市场进入性战略**,公司董事会和最高管理层需要明确业务转型方向的可能选择、新商业模式的可选项、避免和现有业务发生冲突的可选方案。我们总结了五条企业进入数字化市场的路径,它们是:共享模式重构市场、绩效取酬重构市场、去中介重构市场、平台化重构市场和生态化重构市场。对这五条路径的详细讨论超出了本书的范围。我们将要着重讨论的是金字塔中的第 2 层,即本章核心模块——**数字化营销的 4R 模式**。

我们归纳了 4 个词语来代表数字化营销的 4 个关键因

素。每个词语的首个英文字母都是 R，所以我们把这个模型叫作"4R 模型"，以对应"4P 模型"。

第 1 个 R 是 **recognize**（识别），指的是用数字化的方法了解和识别目标顾客。第 2 个 R 是 **reach**（触达），指的是用数字化的手段接触到目标顾客。第 3 个 R 是 **relationship**（关系），指的是用数字化的渠道与客户建立良性的关系。第 4 个 R 是 **return**（回报），指的是企业如何从数字化营销中获得收入。这 4 个 R 形成了数字化营销的闭环结构（见图 17-2）。

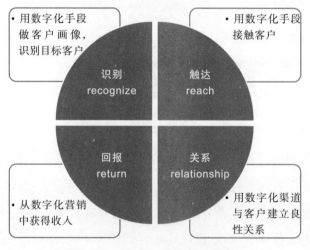

图 17-2　数字化营销的 4R 模式

金字塔的最后一层叫作**实施**层。这一层面涉及不少营销技术，比如中台、SaaS、DSP、营销自动化，等等。目前，市场中的很多营销技术工具往往很难被企业采用，即使采用，使用效率也比较低。美国营销技术协会的会长曾谈到美国营销技术行业现在有 15 000 家创业企业，但在这个行业中还没有出现爆发性的增长。其中的一个重要原因是，这些技术没有从战略层面上进行设计和整合，这里的整合指的就是围绕 4R 的闭环来操作。

阿里巴巴有个专门做数字化营销的事业部，其运作模式和 4R 模型高度一致，比如，它的数据银行功能就是识别（recognize），通过分析数据银行中沉淀的大量消费者数据，就能清晰地识别消费者的类型、年龄和偏好；它的一个营销工具"一夜爆屏"，就是用最直接的方式触达（reach）品牌目标客户；它的粉丝社群和私域流量，就是 relationship（关系）；它针对消费者购物旅程中的关键点，用发红包的方式来刺激消费者的购物决策，就是 return（回报）。高效的数字化营销都应该围绕 4R 这个闭环来操作。

17.3 识别：理解和识别目标消费者

第 1 个 R（recognize）是用客户画像等工具理解和识别目标顾客。在数字化时代之前，企业做消费者研究主要通过定量或者定性的方式，即座谈会、焦点访谈小组以及问卷方式来进行。但在数字化时代，消费者研究最大的变化就是，只要消费者在线上购物就会留下痕迹，企业就能获取他的行为和购物数据。通过对消费者行为的追踪或是手机上 SDK 开发工具包以及支付数据，企业就能了解消费者的购物偏好，并进一步融合人口统计学数据，最终形成针对该消费者的整体性画像。这是每位消费者十分精准和丰富的信息，有的互联网平台对一个消费者画像的描述性标签数量可以超过1000个！

我们曾经协助北美一家大型猪肉制品公司制定进入中国的市场战略。以往我们的常规做法是：首先细分市场，从而找到市场中的机会，然后确立价值主张、确定产品组合、匹配渠道策略，接着发展经销商，最终进入目标市场。

在数字化时代，虽然市场进入战略的总体逻辑不变，但是我们有了更高效的方法。我们首先从数据入手，通过在线平台数据来调查线上销售冷冻肉制品的竞争对手有哪些，这些公司每天、每月的销量大概有多少；整个市场的份额是如何分布的，这些公司在线上平台的价值主张又是什么；它们的弱点在哪里，客户购买的频数是多少；不同品牌、不同品类占客户支出的份额是多少……拿到这一系列数据后，我们就能非常准确地知道产品的卖点是什么，应该在哪个平台进行布局，甚至延伸到线下店如何布局。比如，一件商品在线上卖得非常好的情况下才会去开设线下零售点，这背后全部要有数据来做支撑。

再举一例，智能音响是一个比较热门的电子产品，小米、百度、谷歌甚至苹果都推出了智能音响。最初，企业对智能音响的目标客户群到底是哪些人莫衷一是，只能靠经验推断。但现在，企业可以借用数据分析得到一些非常有价值的信息。谷歌通过分析数据发现：在美国，家庭主妇是使用智能音箱最大的人群。这是谷歌推出智能音响时完全没有想到的。他们进一步研究发现：家庭主妇在家做蛋糕、做下午茶的时候，双手无法解放，于是就用语音进行交互。当谷歌拿到这样的数据后，重新调整了它的市场策略，这是以前完全想不到的通过数据优化营销策略的案例。

我们来看一个新零售的例子。服装行业最大的痛点在于库存积压，如果企业对客户需求把握得不准确，很容易产生库存积压，而库存积压对于服装行业而言几乎等同于癌症。要清除库存，就必须降价，但打折势必会影响新产品的价格。Prada对此做了一个数字化改革：在每个货架后面放一个传感器。通过这个传感器，公司就能知道这件衣服有多少人拿出来试穿过，多少人试穿后又放了回去。通过这些数据可以得出一些关于产品销售和受欢迎程度的答案。比如，有很多人把衣服从货架上拿下来，表明这款服饰的使用率很高。但如果出现使用率、退换率都很高的情况，公司就要迅速组织调查小组进行研究，研究背后的原因到底是价格问题还是设计问题，再审视运营活动和营销活动，最后可以找到根本原因，做出动态改进。

数字化识别最大的优势是能够打通线上和线下用户识别身份，实现线上和线下的融合。这也是阿里巴巴建立数据银行、统一"UnionID"营销的意义所在。

17.4 触达：触及和到达消费者

第 2 个 R（reach）是数字化的触及和到达消费者。诸如数字化广告投放、流量采购及投放、DSP、AR 和 VR 营销、社交媒体传播、搜索营销、智能推荐 O2O 等都是"触达"的手段。数字化到达的方式需要基于用户画像来选择。

针对 B2B 市场，企业传统的销售方式是会议营销。企业通过召开行业论坛和研讨会吸引客户前来参加，市场人员在会议上收取客户名片后，销售人员就开始跟进这些潜在客户。但这种方式有一个很大的弊端，就是难以识别这些客户是不是真正对企业的产品感兴趣。

有家企业对此做了一个巧妙的创新设计，就是把线下获得的客户的 ID、手机号同线上的信息浏览、社交媒体联系起来。当潜在客户访问互联网时，有套记分系统来为他的行为打分，比如看公司网页记 1 分，看公司的产品信息记 2 ~ 3 分，看公司产品的白皮书记 5 分，看公司的联系方式记 7 分。如果该客户的得分达到某个数值，市场部门就会弹出一个决策窗口给销售部门，提示可能存在的重要客户。这就是一种数字化的、从用户画像到用户触达的行之有效的方式。

另外，还有一种触达方式叫作通过数据反复性的触达。比如，一家快消品企业在电商平台上销售一款新产品，企业首先将产品广告投放到天猫或者淘宝平台上，统计有哪些人点击浏览了这则广告，并把这些点击客户作为第二个画像，也叫作点击客户画像。这时，企业会拥有两张画像纸，第一张是全体客户的，第二张是点击客户的，企业通过研究点击客户的人口特征，如年龄、住所、还购买过哪些产品等，再将这两张画像做一个对比，来提高之后广告投放的精准度。

除此之外，社群触达也是一种比较快捷的方式。所以，我们经常向企业强调触达需要先做一张完整的消费者社群地图，然后再按照社群中的关键传播节点和关键事件进行分类，就可以清晰地看到信息的分发路径，从而优化企业的投放决策。

17.5 关系：与顾客建立持续交易的基础

2019年，百雀羚仅投入180万元的广告便创造了一次营销刷屏，收获了将近1亿的阅读量，但收获的交易额只有3000元。很多人开始批评这种广告营销方式，然而，是褒是贬主要看百雀羚本次活动的营销目的。如果百雀羚广告的核心目的是获取流量，那么它做得非常成功，市场部人员应该发放双倍奖金。但如果广告的目的是形成交易，就有不少改进的空间了。比如，百雀羚遗漏了一个关键动作——充分利用这么高的到达率，将其转化到自己的客户社群中。因为流量到达只是一个点，无法形成一个深度的连接，而如果把这1亿的广告信息接收者的百分之一变成社群的成员，那么经营成果就会完全不一样。这个案例告诉我们为什么要形成第3个R（relationship）——关系。

所谓关系，就是企业与客户建立持续交易的基础。仅仅做到前面的2个R并不能保证数字化营销是完全有效的，上面的2个步骤只解决了瞄准和触达的问题，没有解决如何转化客户资产的关键问题。这个关键问题就是与客户建立持续交易的基础，只有建立社群，才能保证企业能够在去中介化的条件下与客户进行深度的互动、联系。这就是我们在上一章介绍的社群营销和私域IP的运营。

假如你经营了一家化妆品公司，你如何来实施新营销战略呢？我们可以想象一下欧莱雅公司的案例。如果欧莱雅只在线下售卖化妆品，那么它和客户的接触只能在线下零售店。消费者不只会进入欧莱雅的店铺，也会去看看竞争对手的产品，各个品牌只能通过价格战血拼，这种竞争是红海模式。

数字化营销场景下，企业可以用很多方法将潜在客户有效地联结起来，同时把他们变成品牌社群成员。即便消费者没有到访门店，品牌依然可以向他推荐产品，让他参与到产品的设计中来，还可以向他售卖新产品。这就是本章开头的故事：欧莱雅的千妆魔镜App。顾客可以用这个App去拍摄脸部，App对人脸的60多个维度进行特性分析并进行整体妆容的扫描。然后，App会根据分析结果向顾客推荐多种个性化产品。每点击一次或拖动一款产品放在脸部视频区域，就会呈现产品的试妆效果，这大大地节省了线下试妆的时间，降低了反复试妆对皮肤的伤害。

这个App的营销价值是巨大的。首先，它把营销的战场从线下移到了线上。其次，企业用这个App把客户牢牢地锁定在一个社区，同时可以不断地推新品，激发潜在客户的新奇感和尝试兴趣，甚至能够直接促成交易。它虽然是一个简单的工具，但可能比欧莱雅在线上投广告更有效。我们可以看到，仅一个千妆魔镜App就承担了数据采集、客户社群管理、产品智能推荐等多种功能。目前，这个App已拥有1400多万用户。我们不妨大胆判断，对未来的欧莱雅来说，它最重要的资产不仅仅是品牌，更是这个数字化联结成的用户社群。

17.6　回报：数字化营销获得收入

最后一个R（return）是用数字化营销来获得回报。很多公司做了用户画像，做了用户触达，也投入了资源来与客户进行连接，甚至做了社群，然而，大多数公司都事倍功半，无法将前期的投入变现，没有挣到钱。所以，**数字化营销成功的标志就是企业能利用数字化来获取回报**。

在构建社群的过程中，其实有很多可以获取回报的方式。比如众筹、众创、众推就是典型的围绕产品将社群关系变现的策略；硅谷谈的增长黑客，即用数据去检测客户进入的每一个页面，引导他们一步步成交，这些都是变现的方式。

有一个重要概念叫**关键支付时刻**，指的是企业要找到用户在社群中或者在和企业发生经营关系的过程中最容易成交的时点。只有找到这个场景，企业才能把社群潜在的经济价值转换成实际利润。

比如打车软件，很多人都认为，消费者在天气不好的时候或者早晚上下班高峰期，容易接受打车软件的涨价安排，道理很简单：供求改变了消费者愿意支付的价款。有趣的是，当企业深入分析打车软件的数据后发现：当消费者手机电池只有 2% 或者更低的时候，他非常愿意支付溢价！"手机马上没电的时刻"就是一个"关键支付时刻"。再如，消费者在电商平台购物时，常常会把商品放入购物车里，却没有点击购买。这种情况下，商家就可以推送一个消息，来刺激他们完成购买。企业可以找到很多这样的关键支付点，来提高利润的转化率。

数字化营销的 4R 模型是一个完整的闭环。从识别顾客、触达顾客，再到将客户转换成一个持续交易的关系，最后将客户价值资源变现。今天所做的营销推广、数字化广告、社群和流量的分发其实都可以围绕 4R 来进行战略布局。

一家做玫瑰精油的企业聘请我们来帮助它提升销售收入。我们在研究其经营数据后发现，这家企业和顾客之间的交易基础非常好：只要顾客购买过一次产品，基本上会再次回购甚至推荐朋友来购买。一位顾客平均一年为企业贡献的采购额会超过 3000 元，而且这些顾客中的 90% 属于忠诚客户。用 4R 模型来解读，这家公司是典型的第 3 个 R（关系）和第 4 个 R（回报）做得比较好的。因此，这家公司的增长机会就是：根据忠诚客户画像识别出哪些潜在顾客有可能成为忠诚客户，然后用最快、最有效的方式去触达那些客户，并把基础流量做大。

还有一些公司成天做数字化广告和流量采购，却没有转化成社群。这意味着前两步投入了很多资源，却没有把这种资源转化成自己的"私域流量"。对于这部分企业而言，他们应该加强社群构建。同时，如果没有前三步的铺垫，要想直接做到最后获利的一步是非常难的。所以，数字化营销 4R 模型是一套完整的策略。

菲利普·科特勒先生说："如果 5 年内，你还以同样的方式做生意，那你就离关门大吉不远了。"我们希望亲爱的读者通过阅读本书，能更新营销思维、升级营销方法，思考自己的营销变革之路！我们也希望中国企业能随着市场的变化而变革，随着顾客的成长而成长！

科特勒新营销系列

书号	书名	定价	作者
978-7-111-62454-7	菲利普·科特勒传：世界皆营销	69.00	（美）菲利普·科特勒
978-7-111-63264-1	米尔顿·科特勒传：奋斗或死亡	79.00	（美）米尔顿·科特勒
978-7-111-58599-2	营销革命4.0：从传统到数字	45.00	（美）菲利普·科特勒
978-7-111-61974-1	营销革命3.0：从价值到价值观的营销（轻携版）	59.00	（美）菲利普·科特勒
978-7-111-61739-6	水平营销：突破性创意的探寻法（轻携版）	59.00	（美）菲利普·科特勒
978-7-111-55638-1	数字时代的营销战略	99.00	（中）曹虎 王赛 乔林 （美）艾拉·考夫曼
978-7-111-47355-8	营销十宗罪：如何避免企业营销的致命错误	30.00	（美）菲利普·科特勒
978-7-111-55031-0	混沌时代的营销	39.00	（美）菲利普·科特勒 约翰A·卡斯林
978-7-111-50071-1	营销的未来：如何在以大城市为中心的市场中制胜	45.00	（美）菲利普·科特勒 米尔顿·科特勒
978-7-111-53103-6	东盟新机遇：科特勒带你探索东南亚市场	39.00	（美）菲利普·科特勒
978-7-111-43291-3	逆势增长：低增长时代企业的八个制胜战略	39.00	（美）菲利普·科特勒 米尔顿·科特勒
978-7-111-35721-6	企业的社会责任	39.00	（美）菲利普·科特勒
978-7-111-40314-2	正营销：获取竞争优势的新方法	45.00	（美）菲利普·科特勒